Délices*et*
Séjours de charme
au Québec

ÉDITION DU CLUB QUÉBEC LOISIRS INC.
© Avec l'autorisation des Guides de voyage Ulysse inc.

Imprimé au Canada

Dépôt légal - Bibliothèque nationale du Québec, 2003
ISBN 2-89430-568-0

SOMMAIRE

REMERCIEMENTS

Les Guides de voyage Ulysse reconnaissent l'aide financière du gouvernement du Canada par l'entremise du Programme d'aide au développement de l'industrie de l'édition (PADIÉ) pour ses activités d'édition.

Les Guides de voyage Ulysse tiennent également à remercier le gouvernement du Québec – Programme de crédit d'impôt pour l'édition de livres – Gestion SODEC.

ÉCRIVEZ-NOUS

Tous les moyens possibles ont été pris pour que les renseignements contenus dans ce guide soient exacts au moment de mettre sous presse. Toutefois, des erreurs peuvent toujours se glisser, des omissions sont toujours possibles, des adresses peuvent disparaître, etc.; la responsabilité de l'éditeur ou des auteurs ne pourrait s'engager en cas de perte ou de dommage qui serait causé par une erreur ou une omission.

Nous apprécions au plus haut point vos commentaires, précisions et suggestions, qui permettent l'amélioration constante de nos publications. Il nous fera plaisir d'offrir un de nos guides aux auteurs des meilleures contributions. Écrivez-nous à l'adresse qui suit, et indiquez le titre qu'il vous plairait de recevoir.

Les Guides de voyage Ulysse
4176, rue Saint-Denis
Montréal (Québec)
Canada H2W 2M5
www.guidesulysse.com
texte@ulysse.ca

LISTE DES CARTES

LÉGENDE DES CARTES

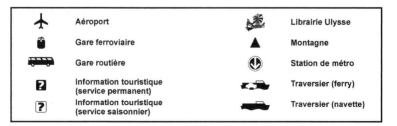

Tableau des symboles

♿	Accessible aux personnes à mobilité réduite
≡	Air conditionné
🐕	Animaux de compagnie acceptés
⊛	Baignoire à remous
⊘	Centre de conditionnement physique
♥	Coup de cœur Ulysse pour les qualités particulières d'un établissement
ℂ	Cuisinette
½p	Demi-pension (petit déjeuner et dîner inclus dans le prix de la chambre)
𝔖	Foyer
pc	Pension complète (3 repas inclus dans le prix de la chambre)
pdj	Petit déjeuner inclus dans le prix de la chambre
≈	Piscine
ℝ	Réfrigérateur
❂	Relais santé (spa)
ℜ	Restaurant
bc	Salle de bain commune
bp	Salle de bain privée (installations sanitaires complètes dans la chambre)
⌂	Sauna
tlj	Tous les jours
⇄	Télécopieur
☎	Téléphone
⊗	Ventilateur

Classification de l'hébergement

Les tarifs mentionnés dans ce guide s'appliquent, sauf indication contraire, à une chambre standard pour deux personnes, en haute saison.

$	moins de 50$
$$	50$ à 100$
$$$	101$ à 150$
$$$$	151$ à 200$
$$$$$	plus de 200$

Classification des restaurants

Les tarifs mentionnés dans ce guide s'appliquent, sauf indication contraire, à un dîner pour une personne, excluant le service et les boissons.

$	moins de 10$
$$	de 10$ à 20$
$$$	de 21$ à 30$
$$$$	plus de 30$

Tous les prix mentionnés dans ce guide sont en dollars canadiens.

Les régions touristiques du Québec

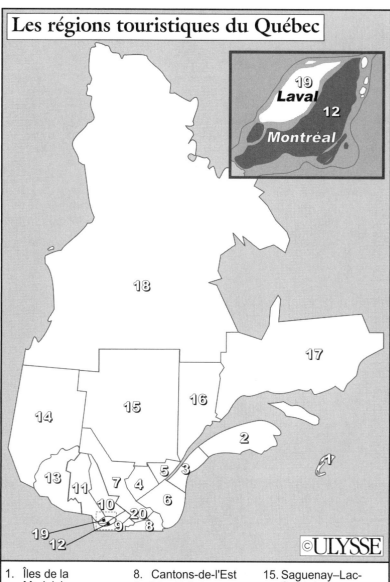

1. Îles de la Madeleine
2. Gaspésie
3. Bas-Saint-Laurent
4. Région de Québec
5. Charlevoix
6. Chaudière-Appalaches
7. Mauricie
8. Cantons-de-l'Est
9. Montérégie
10. Lanaudière
11. Laurentides
12. Montréal
13. Outaouais
14. Abitibi-Témiscamingue
15. Saguenay–Lac-Saint-Jean
16. Manicouagan
17. Duplessis
18. Nord-du-Québec (Baie-James – Nunavik)
19. Laval
20. Centre-du-Québec

Les fusions municipales

En 2001, le gouvernement du Québec a voté une loi obligeant la plupart des municipalités du Québec à fusionner avec leurs voisines afin de créer de grands ensembles régionaux. Ainsi, depuis le 1er janvier 2002, plusieurs villes et villages ont officiellement perdu leur nom et ont été intégrés à une municipalité plus importante. La ville de Montréal, par exemple, regroupe maintenant toutes les villes de l'île de Montréal, ce qui n'était pas le cas auparavant. À Québec, les villes qui formaient ce que l'on appelait la Communauté urbaine de Québec font dorénavant partie de la ville de Québec elle-même. Ces fusions ne se font pas, on le comprend facilement, sans heurts et sans hésitations. Il s'agit d'un processus entamé mais loin encore d'être achevé. C'est pourquoi nous avons décidé de ne pas modifier dans ce guide, pour l'instant, les noms des villes. Pour les villes qui doivent être rebaptisées, le choix d'un nouveau nom suscite souvent des débats, et nous croyons qu'il est encore trop tôt pour inscrire, dans notre guide des toponymes qui prendront en fait des années à s'installer. En voyageant au Québec, vous n'aurez de toute façon aucun mal à vous y retrouver, nous en sommes certains.

Abitibi-Témiscamingue

Qui dit Abitibi-Témiscamingue ne pense souvent qu'à de vastes territoires couverts de forêts et de lacs qui n'intéressent que des amateurs de chasse, de pêche et de plein air... Ce n'est pas avoir beaucoup d'imagination!

En fait, l'Abitibi-Témiscamingue renferme beaucoup plus que cela; c'est une synthèse du Québec contemporain. Cette région incarne des rêves et des projets de grandeur; par exemple, c'est au nord de l'Abitibi que l'on a construit la plus impressionnante centrale hydroélectrique du Québec et la plus vaste centrale souterraine du monde!

L'Abitibi-Témiscamingue, l'une des dernières régions frontières du Québec, l'une des dernières régions de grands espaces et de grands chantiers, une destination mythique... Dire que vous êtes allé en voiture sur la route la plus septentrionale du Québec (près du 54e parallèle) et tout cela sur un large chemin asphalté! Pouvoir dire aussi que vous avez vu le plus imposant complexe hydroélectrique du Québec, véritable témoin du boom économique et social de la période post-Révolution tranquille... C'est un peu de tout cela, l'Abitibi-Témiscamingue, des projets, des rêves et de grands espaces.

Indicatif régional: 819

LES SÉJOURS

Les trois plus grands centres urbains de l'Abitibi sont Rouyn-Noranda, Val-d'Or et Amos. Le parc hôtelier de Rouyn-Noranda est très particulier; il se compose d'une dizaine d'établissements à capacité moyenne. Ce sont des «hôtels-motels» urbains modernes, bien équipés en services et de catégorie moyenne à supérieure. Val-d'Or dispose aussi d'un vaste choix d'établissements d'hébergement.

La route de la Baie-James

La route de la Baie-James, qui va de Matagami à Radisson, s'étend sur 620 km. Cette route est en asphalte et est bien entretenue. L'unique relais routier de ce trajet est situé au Km 381. Il faut donc prévoir dormir soit à Matagami ou à Radisson. En ce qui concerne votre séjour à Radisson, ne vous attendez pas à voir une ville telle que les agglomérations que vous connaissez dans le «Sud». En fait, cette ville n'existe que depuis les années 1970 et fut fondée dans le cadre de la construction des ouvrages hydroélectriques. C'était donc avant tout une ville-chantier. Les bureaux et les dortoirs des ouvriers étaient constitués de maisons mobiles installés sur pilotis. Donc, vous verrez plusieurs de ces bâtiments à Radisson. En matière d'hébergement touristique, contrairement à ce que l'on pourrait croire, il y a un bon choix d'établissements, de la petite auberge confortable au grand hôtel doté de plusieurs services.

LES DÉLICES

Les gens de l'Abitibi-Témiscamingue ont la nature à leur porte; il n'est alors pas étonnant de constater qu'ils ont développé

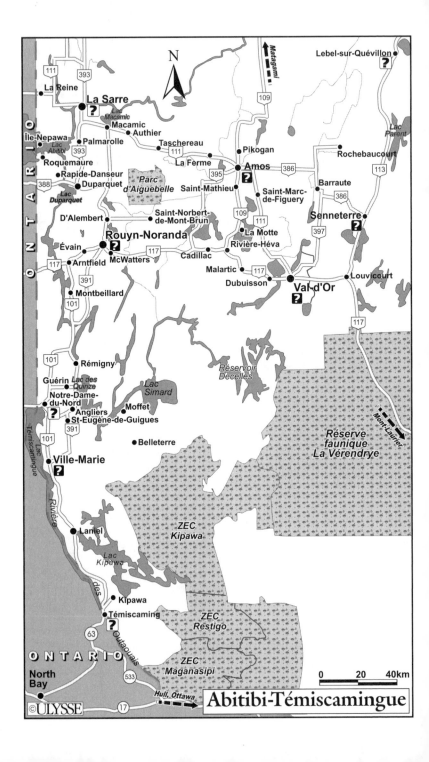

Abitibi-Témiscamingue

un art culinaire particulier, axé sur les viandes sauvages et le poisson. Au début, dans les années de colonisation, on chassait et on trappait souvent par obligation; depuis ces années, on a conçu plusieurs recettes. Un autre élément particulier marquant la cuisine régionale est l'époque des camps de bûcherons où les chefs devaient concocter, avec les moyens du bord, des plats très nourrissants pour des ouvriers qui trimaient dur dehors par des températures de −30 °C. La cuisine de chantier se fait encore sentir, à certains endroits, pendant la saison hivernale... Autres temps, autres mœurs, de nos jours ce sont les motoneigistes qui ont besoin de se «tenir au chaud»...

LES ADRESSES

AMOS

Le Moulin ✕
$$-$$$
100 1re Avenue Ouest
☎732-8271
Le restaurant Le Moulin prépare une cuisine française et régionale raffinée. La truite Saint-Mathieu fera le régal des palais les plus fins.

LANIEL

Chalets Pointe-aux-Pins ⌶
$$$
ℂ, ℨ
3 chalets de 2 à 4 chambres (capacité maximale de 8 pers.)
barbecue au propane
literie fournie
1955 chemin du Ski
☎/≈634-5211
www.temiscamingue.net/pointe-aux-pins
Les Chalets Pointe-aux-Pins surplombent le lac Kipawa. Le site abritait autrefois une station entomologique où travaillait le père de la romancière canadienne Margaret Atwood. L'actuelle propriétaire, Mme Perreault, accueille les vacanciers en quête de paix. Ses chalets joliment décorés offrent la possibilité de pratiquer plusieurs activités de plein air dans les environs. Kayaks, vélos, canots et pédalos sont mis à la disposition des clients. Près du lac, Mme Perreault a installé tout ce qu'il vous faut pour lézarder.

PREISSAC

Le Héron Bleu ⌶
$$ pdj
✪, bc, ⌂
40 chemin de la Baie
☎759-4772
En plus d'offrir un panorama grandiose, ce gîte a une vocation de centre de ressourcement. Les propriétaires, M. et Mme Beauchamp, accueillent les gens dans une atmosphère de détente et offrent trois confortables chambres en plus d'une myriade d'autres services, comme la balnéothérapie et trois styles de massages (pour un léger supplément). Plusieurs forfaits sont proposés, pour une durée de une ou plusieurs nuitées.

ROUYN-NORANDA

Le Passant B&B ⌶
$-$$ pdj
bc/bp
489 rue Perreault Est
☎/≈762-9827
www.lepassant.com
Quatre charmantes chambres (une avec salle de bain privée, trois autres avec salle de bain commune) vous attendent au gîte convivial qu'est Le Passant B&B. Réputé pour sa bonne table, Michel Bellehumeur, le propriétaire, propose un petit déjeuner fortifiant composé des produits de son potager.

♥ Olive et Basil ✕
$-$$
164A rue Perreault Est
☎797-6655
Olive et Basil est un rayon de fraîcheur pour le palais fatigué. Une savoureuse table d'hôte est proposée à prix raisonnable. Le menu se compose de savoureuses spécialités méditerranéennes.

VAL-D'OR

♥ Auberge de l'Orpailleur ⌶
$$ pdj
🐾
104 avenue Perreault
☎825-9518
≈824-7653
L'Auberge de l'Orpailleur, située dans le village minier de Bourlamaque, occupe l'ancien «bunkhouse» qui accueillait les mineurs célibataires. En plus d'avoir un attrait historique, les chambres sont agréablement décorées, chacune ayant un cachet particulier. L'accueil et le petit dé-

jeuner copieux rendent les séjours inoubliables. Les propriétaires gèrent aussi
l'entreprise de plein air Wawatè.

VAL-SENNEVILLE

♥ **Au Soleil Couchant** 🛏
$$ pdj
bc
301 Val-du-Repos
☎856-8150

Les quatre chambres de cet établissement
vous charmeront par leur décor splendide
qui incite à la détente. Ce gîte, on ne peut
plus complet, vous offre, en plus du petit
déjeuner, l'accès à un bassin à remous et à
une plage privée, et comporte trois terras-
ses surplombant le lac Blouin.

Bas-Saint-Laurent

La région touristique du Bas-Saint-Laurent se divise en deux zones distinctes: le littoral et les hauts plateaux de l'intérieur. Le littoral se compose de jolis petits hameaux de même que de deux centres urbains, Rivière-du-Loup et Rimouski.

Cette dernière ville joue un rôle de capitale régionale de tout l'est du Québec. Les hauts plateaux de l'intérieur ont, entre autres, deux pôles touristiques: le lac Pohénégamook ainsi que le lac Témiscouata. Comme Charlevoix, le Bas-Saint-Laurent fut au XIXe siècle un haut lieu de la villégiature de la bourgeoisie nord-américaine; on y trouve donc un patrimoine bâti particulièrement riche (d'ailleurs, le larmier cintré est une invention de cette région).

Le Bas-Saint-Laurent a aussi la particularité d'être une région carrefour: des traversiers la relient à la Côte-Nord, tandis que la route 132 mène en Gaspésie et que la route 185 aboutit dans les Provinces maritimes.

Indicatif régional: 418

LES SÉJOURS 🛏

LE LITTORAL

Rivière-du-Loup est la ville carrefour de la région: de cette ville, on a accès, par traversier, à la région touristique de Charlevoix ou, par route, au Nouveau-Brunswick. C'est donc une ville où passent de nombreux touristes; d'ailleurs, c'est à Rivière-du-Loup que l'on dénombre le plus grand nombre d'établissements d'hébergement touristiques, entre autres plusieurs établissements à capacité moyenne dont certains font partie de grandes chaînes nationales. Il existe aussi des centres de villégiature; l'un d'entre eux, l'Auberge de la Pointe, a acquis une certaine notoriété auprès des grossistes qui en font un point d'arrêt pour les touristes effectuant des circuits en autocar. Cette auberge est située sur une falaise qui longe le littoral: les couchers de soleil sur la mer y sont absolument inoubliables!

La région de Trois-Pistoles, une autre destination intéressante le long du circuit maritime, dispose d'un traversier qui la relie à la Côte-Nord. Tout près se trouvent des villages charmants au point de vue du patrimoine, en particulier L'Isle-Verte, où l'on peut prendre un traversier pour se rendre dans l'île Verte. Plus à l'est, on arrive au village du Bic, qui, avec son parc, constitue un autre important pôle touristique. Les visiteurs du parc pourront se loger dans le village, où l'on compte quelques hôtels et auberges. Toujours en filant vers l'est, on arrive à Rimouski. Cet important centre administratif commercial et culturel dispose de 12 établissements d'hébergement touristiques. Vu son grand rôle comme moteur économique régional, Rimouski est dotée de plusieurs hôtels à capacité moyenne dont plusieurs peuvent accueillir des congressistes. Enfin, Sainte-Luce (sur mer) marque l'extrémité orientale du Bas-Saint-Laurent, et, avec sa belle plage de sable, cette destination est reconnue comme une station de villégiature. Vous pourrez trouver de charmantes petites auberges au bord de la mer.

LES HAUTS PLATEAUX

Il existe deux centres de villégiature à l'intérieur des terres: Pohénégamook et Témiscouata. Ces deux destinations offrent deux vastes lacs entourés de montagnes. Elles bénéficient d'un climat plus

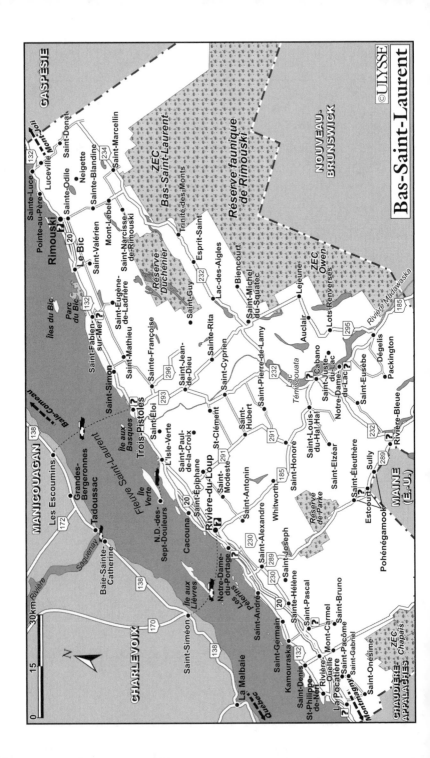

Bas-Saint-Laurent

doux que le littoral pour la pratique d'activités aquatiques et nautiques.

LES DÉLICES ✕

Dans cette région de mer, de terres et de forêts, la cuisine régionale est très diversifiée. Qui plus est, la majorité des bonnes tables se trouvent dans les gîtes de la région, les restaurants ou même des établissements membres des Festins champêtres, et cela partout à travers la région du Bas-Saint-Laurent. L'anguille, l'esturgeon fumé, le poisson, les crustacés, le canard, l'autruche et le lapin sont aussi d'autres produits locaux qui entrent dans la composition des recettes.

Pour vivre une expérience gastronomique hors de l'ordinaire, vous pouvez entre autres vous attabler dans les établissements suivants: l'Auberge du Mange Grenouille, au Bic, propose une gastronomie régionale à base d'agneau, de poisson et de crustacés; l'auberge La Solaillerie, à Saint-André, sert une cuisine créative québécoise qui se compose d'agneau de Kamouraska, de poisson et de crustacés.

Tout comme dans les régions de Charlevoix ou de la Gaspésie, vous aurez le bonheur de manger, la plupart du temps, dans de belles maisons ancestrales qui s'entourent de beaux paysages côtiers ou forestiers.

LES ADRESSES

ÎLE DU POT À L'EAU-DE-VIE

♥ Phare de l'île du Pot à l'Eau-de-Vie ⏁
$$$$ /pers. pc et croisière
bc
Duvetnor: 200 rue Hayward, Rivière-du-Loup
☎867-1660 ou 877-867-1660
⇥867-3639
Sur une petite île au milieu du fleuve Saint-Laurent, le Phare de l'île du Pot à l'Eau-de-Vie expose à tous vents sa façade blanche et son toit rouge. Propriété de Duvetnor, organisme sans but lucratif voué à la protection des oiseaux, l'archipel des îles du Pot à l'Eau-de-Vie fourmille d'oiseaux marins que vous pouvez admirer à loisir lors d'un séjour au phare. Duvetnor propose des forfaits qui comprennent l'hébergement, les repas ainsi qu'une croisière sur le fleuve en compagnie d'un guide naturaliste. Le phare, plus que centenaire, a été restauré avec soin. On y trouve trois chambres douillettes dont le décor conserve l'atmosphère historique de l'endroit. Les repas sont délicieux. Si vous avez envie d'un séjour empli de sérénité, voilà l'endroit tout indiqué.

LE BIC

♥ Auberge du Mange Grenouille ⏁✕
$$-$$$ pdj
bc/bp, ♻, ℜ
148 rue Ste-Cécile
☎736-5656
⇥736-5657
www.aubergedumangegrenouille.qc.ca
La réputation de l'Auberge du Mange Grenouille n'est plus à faire, tant au Québec qu'à l'étranger. L'accueil s'avère charmant, et ses 14 chambres sont chaleureusement garnies d'antiquités. On y organise également de célèbres soirées «meurtres et mystères». L'Auberge est l'une des meilleures tables ($$$-$$$$) du Bas-Saint-Laurent. Elle occupe un ancien magasin général, garni de vieux meubles soigneusement choisis afin d'agrémenter les lieux. Tous les jours, on propose un choix de six tables d'hôte, composées

Phare de l'île du Pot à l'Eau-de-Vie

de gibier, de poisson, de volaille et d'agneau. Ces créations culinaires sont aussi appétissantes les unes que les autres et sont toujours servies avec attention.

NOTRE-DAME-DU-LAC

Auberge Marie-Blanc ✕
$$-$$$$
1112 rue Commerciale
☎899-6747

L'Auberge Marie-Blanc vous invite à déguster ses petits déjeuners et ses dîners dans une jolie maison victorienne. Ce site historique se trouve sur un promontoire surplombant le lac Témiscouata; une galerie de bois superbe fait office de terrasse. Vous pouvez manger de bons plats de cuisine régionale se composant de poissons (entre autres les corégones du lac), de fruits de mer, de cerf de Virginie, de perdrix, de canard ou de lapin.

NOTRE-DAME-DU-PORTAGE

♥ L'Estran Auberge sur Mer ✕
$$$-$$$$
363 route du Fleuve
☎862-0642 ou 800-622-0642

Depuis la salle à manger de L'Estran Auberge sur Mer, on a bel et bien une vue exceptionnelle sur le fleuve, qui commence sérieusement à ressembler à la mer. La fine cuisine qu'on y déguste saura ravir les plus exigeants. Poissons et fruits de mer sont servis avec les meilleurs accompagnements tout au long de l'été. À l'automne, le gibier est à l'honneur. Réservations requises.

POHÉNÉGAMOOK

Pohénégamook Santé Plein Air ⌂
$$ /pers., pc
☉, ≈, ♿, ℜ, bc/bp, ⌂
1723 chemin Guérette, sortie Notre-Dame-du-Portage de l'autoroute 20
☎859-2405 ou 800-463-1364
≈859-3315
www.pohenegamook.com

Pohénégamook Santé Plein Air est un centre de vacances qui met l'accent sur les séjours de détente et de plein air, et qui dispose de chambres confortables. Parmi les nombreuses activités proposées, mentionnons, entre autres, les baignades rapides au sauna finlandais, les visites à la cabane à sucre au printemps, les balades en montagne et les randonnées à skis.

POINTE-AU-PÈRE

♥ Auberge La Marée Douce ⌂✕
$$-$$$
ℜ
1329 boulevard Ste-Anne
☎722-0822
≈723-4512

L'Auberge La Marée Douce se dresse en bordure du fleuve, dans la municipalité de Pointe-au-Père, près du Musée de la Mer. Installée dans une maison bâtie en 1860, elle renferme des chambres confortables, toutes décorées de façon différente. Elle compte aussi quelques chambres dans un pavillon moderne. Une plage avoisine l'Auberge. L'auberge vous invite à savourer ses spécialités de fruits de mer et sa cuisine française (**$$$**) dans sa belle salle à manger, aménagée dans la maison ancestrale.

RIMOUSKI

Hôtel Rimouski ⌂
$$-$$$
≡, ⊛, ☉, ≈, ℝ, ℜ
225 boulevard René-Lepage Est
☎725-5000 ou 800-463-0755
≈725-5725
www.hotelrimouski.com

L'hôtel Rimouski est d'un chic assez particulier; son grand escalier et sa longue piscine dans le hall d'entrée en charmeront plus d'un. Les moins de 18 ans partageant la chambre de leurs parents peuvent y séjourner gratuitement.

Serge Poully ✕
$$$-$$$$
284 rue St-Germain Est
☎723-3038

Le restaurant Serge Poully suggère à
ses convives des plats de gibier, de
fruits de mer, de steaks et de
spécialités de la cuisine française.
L'atmosphère décontractée de ce
restaurant et son service attention-
né conviennent parfaitement aux
repas en tête-à-tête.

RIVIÈRE-DU-LOUP

♥ Auberge de la Pointe 🛏
$$-$$$
🐾, ⊛, ⊘, ℂ, ≈, ✿, ℜ, △
fermé nov à avr
10 boulevard Cartier
☎862-3514 ou 800-463-1222
⇄862-1882
www.auberge-de-la-pointe.qc.ca

En bordure du fleuve Saint-Laurent,
l'Auberge de la Pointe se dresse sur un site
vraiment exceptionnel et propose, outre
des chambres confortables, des soins
d'hydrothérapie, d'algothérapie ainsi que
de massothérapie. Depuis les belvédères,
vous pourrez admirer de superbes cou-
chers de soleil. On y trouve même un
théâtre d'été.

Saint-Patrice ✕
$$$
169 rue Fraser
☎862-9895

Le Saint-Patrice est sans doute l'une des
meilleures tables du Bas-Saint-Laurent, où
le poisson, les fruits de mer, le lapin et
l'agneau dominent le menu. À la même
adresse, Le Novelo (**$$**) sert des pâtes et
une fine pizza dans une ambiance bistro,
et La Romance (**$$$**) se spécialise dans les
fondues.

SAINT-ANDRÉ

♥ La Solaillerie 🛏✕
$$-$$$
bc/bp, ℜ
112 rue Principale
☎493-2914
⇄493-2243
www.aubergelasolaillerie.com

Aménagée dans une grande maison de la
fin du XIXᵉ siècle, l'auberge La Solaillerie
présente une magnifique façade blanche
qui est cintrée, à l'étage, d'une large galerie. À l'intérieur, un riche décor évo-

quant l'époque d'origine
de la demeure confère à l'auberge une
ambiance chaleureuse. Les cinq chambres
sont douillettes et confortables, décorées
avec goût dans le respect de la tradition
des vieilles auberges où l'on entend les
planchers craquer! La construction d'un
pavillon a ajouté à l'auberge six chambres
modernes, plus intimes et chaleureuse-
ment décorées. La salle à manger (**$$$-
$$$$**) de l'auberge est décorée avec soin
pour mettre en valeur le cachet historique
de la vieille demeure qui l'abrite. Vous
pourrez donc vous y attabler dans un
décor chaleureux pour déguster une fine
cuisine préparée et servie avec soin par
les propriétaires. D'inspiration française,
cette cuisine est apprêtée selon
l'inspiration du moment avec les produits
frais de la région tels que cailles, agneau et
saumon frais ou fumé. Réservations requi-
ses.

SAINT-FABIEN

♥ Auberge Saint-Simon ✕
$$$
18 rue Principale
☎738-2971

L'Auberge Saint-Simon vous invite à
prendre un repas dans un chaleureux
décor ancestral. Elle vous offre une des
expériences culinaires les plus savoureuses
du Bas-Saint-Laurent, alliant lapin, agneau,
flétan et fruits de mer aux légumes frais
provenant du petit jardin attenant au bâtiment.

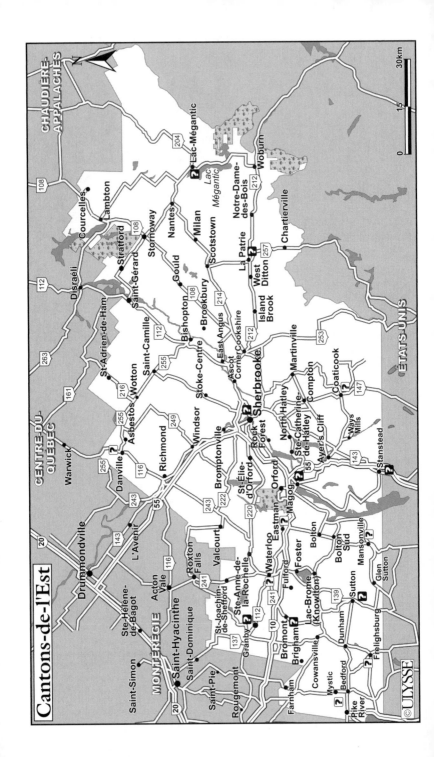

Cantons-de-l'Est

CHAUDIÈRE-APPALACHES

CENTRE-DU-QUÉBEC

MONTÉRÉGIE

ÉTATS-UNIS

Drummondville
Ste-Hélène-de-Bagot
Saint-Simon
Saint-Pie
Rougemont
Saint-Dominique
Saint-Hyacinthe
Acton Vale
L'Avenir
Warwick
Danville
Asbestos
Richmond
Windsor
Roxton Falls
Valcourt
St-Joachim-de-Shefford
Ste-Anne-de-la-Rochelle
Granby
Bromont
Brigham
Waterloo
Fulford
Foster
Eastman
St-Élie-d'Orford
Bromptonville
Orford
Magog
Farnham
Cowansville
Lac-Brome (Knowlton)
Sutton
Dunham
Frelighsburg
Mystic
Bedford
Pike River
Bolton Sud
Mansonville
Glen Sutton
Bolton
Stanstead
Ways Mills
Ayer's Cliff
Ste-Catherine-de-Hatley
North Hatley
Coaticook
Compton
Martinville
Chartierville
Sherbrooke
Rock Forest
Stoke-Centre
Saint-Camille
Wotton
St-Adrien-de-Ham
Saint-Gérard
D'Israéli
Lambton
Courcelles
Stratford
Stornoway
Nantes
Milan
Scotstown
Gould
Bishopton
Brockbury
East Angus
Ascot Corner
Cookshire
Island Brook
West Ditton
La Patrie
Notre-Dame-des-Bois
Woburn
Lac-Mégantic
Lac Mégantic

108 112 263 161 216 255 249 255 112 108 204 212 257 253 147 143 55 116 243 222 220 241 137 10 112 139 243

0 15 30km

© ULYSSE

Cantons-de-l'Est

Les Cantons-de-l'Est, c'est un peu la Nouvelle-Angleterre au Québec. En fait, cette région fut colonisée par des loyalistes venus des États-Unis.

Le paysage naturel de la région de Magog-Orford fait, quant à lui, penser au nord du Vermont; d'ailleurs, les Green Mountains de nos voisins du Sud se prolongent au-delà de la frontière canado-étasunienne, se transformant en montagnes Vertes au Québec.

Tout comme Charlevoix et le Bas-Saint-Laurent, les Cantons de l'Est possèdent une riche tradition de villégiature plus que centenaire. Dès les années 1850, on a vu des aires de villégiature se développer autour des lacs Brome, Memphrémagog, Magog et Massawippi.

Les premiers estivants marquèrent de façon permanente le paysage culturel de ces lieux. C'étaient, pour la plupart, des membres de l'élite américaine qui provenaient des États de la Nouvelle-Angleterre. Curieusement s'y retrouvaient également plusieurs riches propriétaires de plantations des États du Sud: c'était alors une tradition pour eux de fuir les étés torrides pour les régions au climat plus clément. On érigea donc de somptueuses et gigantesques villas sur les rives des lacs de cette partie du Québec.

L'environnement «estrien» demeure particulièrement propice au développement de l'activité touristique: la région bénéficie d'un climat plus doux qu'ailleurs au Québec, le relief est vallonné, les forêts et les lacs sont nombreux. Le tourisme s'est généralement développé en deux phases dans les Cantons-de-l'Est: celle de la villégiature au XIXᵉ siècle et celle des

stations de ski et des centres de séjour au XXᵉ siècle.

LES SÉJOURS 🛏

Les Cantons-de-l'Est comptent plus de 160 établissements d'hébergement touristiques (auberges, hôtels, motels et condominiums) répartis dans 61 municipalités. Les centres touristiques qui regroupent le plus d'établissements sont Magog-Orford, Sutton et Lac-Mégantic. Outre ces stations touristiques, on trouve une infrastructure hôtelière dans les deux plus grandes villes de la région: Granby et Sherbrooke.

D'autre part, tout comme les Laurentides, on est ici en présence d'une infrastructure hôtelière de destination, contrairement à une infrastructure hôtelière pour tourisme itinérant, comme le proposent la plupart des motels qui jalonnent les routes. Dans les Cantons-de-l'Est, plusieurs auberges sympathiques ainsi que quelques centres de séjour modernes, quatre-saisons, sont situés près des principales stations de ski de Bromont, Sutton et Orford. Enfin, mode oblige, on a aussi construit de nombreux condominiums de location dans la région de Magog-Orford et, comme dernière tendance, on constate aussi la prolifération de formules spa et remise en forme dans plusieurs établissements.

BROMONT

Bromont est un centre de séjour très prisé des Montréalais (entre autres grâce à sa proximité). Les propriétaires de la montagne y ont développé l'une des grandes stations touristiques quatre-saisons du Québec avec sports d'hiver, golf, parc aquatique, et autres; le Château Bromont, un vaste complexe hôtelier moderne de

154 chambres, s'étend au pied de la montagne. On propose sur place une gamme étendue d'activités de même qu'un spa.

LE LAC MEMPHRÉMAGOG ET LE MONT ORFORD

Magog et Georgeville sont d'importants centres touristiques. Ces derniers sont situés au bord du lac Memphrémagog, vaste lac, long d'une quarantaine de kilomètres, qui s'étend jusqu'à l'État du Vermont.

Magog est une destination qui comprend une infrastructure hôtelière de qualité. On s'y rend pour le lac de même que pour le parc du Mont-Orford. Quelques centres de séjour y ont été construits au cours des années 1970 et 1980.

LE LAC MASSAWIPPI

Le lac Massawippi est une autre région qui possède une riche tradition de villégiature, en particulier dans les municipalités de North Hatley et d'Ayer's Cliff. Des touristes se rendent depuis plus de 100 ans autour de ce lac cristallin ceint de belles montagnes s'y pavanant.

On dit même que de riches Américains érigèrent tellement de résidences spacieuses à North Hatley au cours des années 1880 que cette communauté devint une petite colonie américaine. De cette époque subsistent encore, entre autres, trois établissements qui font front commun en commercialisant ensemble leurs auberges respectives. L'union fait la force! Ce sont des auberges de prestige, renommées pour la beauté de leur site et leurs services attentionnés de même que pour leur fine cuisine distinctive. Le séjour y est d'autant agréable que vous logez dans des chambres qui regorgent d'antiquités, certaines avec foyer, lit baldaquin et baignoire à remous, que demander de plus? Le Manoir Hovey était autrefois la résidence estivale d'un millionnaire d'Atlanta, Henry Atkinson, qui serait l'inventeur du coca-cola. Celui-ci fit construire ce manoir à l'image de la demeure du président américain George Washington. Aujourd'hui, l'auberge a su conserver l'authenticité de cette époque. La principale caractéristique de l'Auberge Hatley est son emplacement: à flanc de colline et face au lac Massawippi.

Enfin, le troisième établissement, remarquable, le l'Auberge Ripplecove Inn, à Ayer,s Cliff, se distingue lui aussi par son décor et sa fine cuisine.

AILLEURS DANS LES CANTONS-DE-L'EST

Vous trouverez aussi, ailleurs dans la région, quantité d'autres auberges et hôtels sympathiques. Que ce soit dans la zone frontalière des vignobles ou autour du lac Mégantic. À vous d'en faire l'expérience!

LES DÉLICES ✕

Parallèlement au développement d'une villégiature bourgeoise, s'est développé un réseau de tables gastronomiques.

En matière de particularités régionales, on retrouve dans les Cantons-de-l'Est des vergers, des vignobles, des érablières, des petits fruits, du gibier et du poisson. Le canard y est particulièrement à l'honneur. D'ailleurs, le «canard du Lac Brome» demeure l'une des richesses locales. Il faut s'y rendre l'automne pour en apprécier les multiples recettes lors du Festival international du canard du Lac Brome.

De plus, plusieurs des grandes tables gastronomiques du Québec sont situées dans les auberges des localités riveraines du lac Massawippi et du lac Memphrémagog.

Enfin, notons qu'à North Hatley les salles à manger de l'Auberge Hatley et du Manoir Hovey font partie des meilleures tables gastronomiques du Québec.

LES ADRESSES

AUSTIN

Aux Jardins Champêtres ⌂
$$-$$$ pdj
bc, ≈
1575 chemin des Pères
☎(819) 868-0665 ou 877-868-0665
www.auxjardinschampetres.com

Entouré de fleurs sauvages et de chats, le gîte touristique Aux Jardins Champêtres rappelle les étés passés dans les maisons de nos grands-mères! Situé à 10 km de Magog en direction de l'abbaye de Saint-Benoît-du-Lac, ce gîte touristique s'est également acquis une notoriété grâce à son excellente et diversifiée table champêtre. Les cinq chambres de l'auberge sont manifestement adjacentes à la salle à manger; donc, si vous ne dînez pas ici, soyez averti que l'endroit sera probablement bruyant jusqu'à minuit. Les chambres de style campagnard, chacune avec plancher de bois, sont sur le point d'être rénovées. Déjà petites, elles le seront sûrement encore plus lorsque les salles de bain privées y seront installées.

AYER'S CLIFF

♥ Auberge Ripplecove Inn ⌂✕
$$$$$
≡, ⊛, ℑ, ≈, ℜ
700 rue Ripplecove
☎(819) 838-4296 ou 800-668-4296
⇄(819) 838-5541
www.ripplecove.com

Regardant vers le lac Massawippi, l'Auberge Ripplecove Inn, avec son terrain d'environ 6 ha, offre un cadre champêtre merveilleusement paisible permettant de pratiquer diverses activités de plein air. Son élégant salon de style victorien et ses chambres distinguées assurent le confort dans une intimité sans pareille. Aussi les chambres les plus luxueuses possèdent-elles leurs propres foyers et baignoires à remous. L'endroit devient absolument féerique en saison hivernale. Reconnu comme établissement «quatre diamants», le restaurant de l'Auberge Ripplecove Inn (**$$$$**) propose une fine cuisine gastronomique de grande distinction. Son atmosphère victorienne et son décor élégant en font un endroit excellent pour un repas romantique. En outre, il dispose d'une excellente cave à vins.

BOLTON CENTRE

L'Iris bleu ⌂✕
$$-$$$ pdj
ℜ
895 chemin Missisquoi
☎(450) 292-3530 ou 877-292-3530
www.irisbleu.com

Le gîte touristique L'Iris bleu occupe une coquette maison. Le décor des trois chambres, composé de rideaux de dentelle, de papier peint fleuri et de meubles antiques, parvient à créer une atmosphère chaleureuse. Vous serez accueilli par les sympathiques propriétaires, qui s'affaireront à rendre votre séjour plaisant. Il est aussi possible d'y déguster, le soir, une délicieuse cuisine méditerranéenne (**$$**), dans la coquette salle à manger.

BROMONT

♥ Château Bromont ⌂✕
$$$$$
≡, ⊛, ℑ, ≈, ☼, ℜ, ⌂, ☉, ℝ, ♿
90 rue Standstead
☎(450) 534-3433 ou 800-304-3433
⇄534-0514
www.chateaubromont.com

Si vous cherchez à vous loger confortablement et dans l'élégance, vous pouvez choisir le Château Bromont. Le Château Bromont propose plusieurs styles de chambres, de celles à deux niveaux dont le lit est situé soit au pied, soit au sommet d'un escalier en colimaçon (malheureusement, le décor de certaines de ces chambres est plutôt froid) aux suites élégantes et aux suites junior. Ces dernières demeurent les plus agréables, habillées de riches tons neutres et pourvues de balcons. Tous les convives ont droit à un peignoir et à un choix d'oreillers! De plus, un nouveau spa y sera bientôt aménagé. L'établissement se trouve sur un terrain avoisinant le mont Bromont, ce qui permet aux skieurs de s'y rendre facilement en navette. Le restaurant du Château Bromont, Les Quatre

Canards (**$$$$**), jouit de la même excellente réputation que l'hôtel. Une belle salle à manger où trônent de grandes fenêtres sert de cadre à des repas finement apprêtés et servis. La spécialité du chef, le canard, est aussi celle de la région. Vous pourrez y goûter diverses autres mets de la cuisine française ou de la fine cuisine québécoise.

♥ **Les Délices de la Table** ✕
$$$
du jeudi au lundi midi
641 rue Shefford
☎(450) 534-1646
Les Délices de la Table, un petit restaurant-traiteur aux allures champêtres avec ses murs jaune soleil, ses rideaux de dentelle et ses nappes aux motifs de fleurs et de fruits, est le genre d'endroit où l'on se sent bien dès qu'on franchit la porte. Vous pourrez déguster, entouré d'une clientèle d'habitués, de délicieux plats français à base de produits régionaux, préparés avec soin et raffinement par le chef, qui est aussi le propriétaire des lieux. Il est préférable de réserver car l'établissement, en plus d'être petit, est de plus en plus fréquenté.

COWANSVILLE
♥ **McHaffy** ✕
$$$-$$$$
351 rue Principale
☎(450) 266-7700
Un incontournable de la région estrienne, le restaurant McHaffy, dont le menu est renouvelé tous les deux mois, propose une fine cuisine d'influence internationale créée à partir de produits de la région. Le tout peut s'accompagner de vin des Blancs Coteaux, choisi par Alain Bélanger, l'un des meilleurs sommeliers québécois. Le midi, on peut aussi manger plus légèrement, tout en profitant d'une agréable terrasse. Il ne faut surtout pas manquer le «Festival du canard», de la fin septembre à la mi-octobre, alors que le chef Pierre Johnston crée d'excellents plats pour l'occasion.

DANVILLE
Le Temps des cerises ✕
$$$
79 rue du Carmel
☎(819) 839-2818 ou 800-839-2818
Le Temps des cerises sert une cuisine raffinée que l'on déguste dans un cadre particulier. En effet, le restaurant est installé dans une ancienne église de confession protestante, ce qui lui confère une atmosphère distinctive.

DUNHAM
Pom-Art B&B ⊨
$$ pdj
677 chemin Hudon
☎(450) 295-3514 ou 888-537-6627
Pom-Art B&B, une ferme à bardeaux bleus érigée en 1820 et entourée de vergers, est située près du lac Selby, aux abords du village de Dunham. Le décor fait un peu vieillot (surtout le tapis à longues mèches), mais le prix est raisonnable, et les hôtes Denis et Lise vous réservent un accueil chaleureux, sans parler d'un petit déjeuner exceptionnel où les pommes de la région sont à l'honneur. La plus grande des trois chambres proposées offre une vue sur les montagnes de la région.

EASTMAN
Spa Eastman ⊨
$$$$ pc
𝔍, ≈, ✿, ℜ, bc/bp, ☺, ≡
895 chemin des Diligences
☎(450) 297-3009 ou 800-665-5272
⇄297-3370
www.spa-eastman.com
Niché dans la belle campagne des Cantons-de-l'Est, le Spa Eastman est pourtant encensé par certains qui le considèrent parmi l'un des meilleurs établissements de ce genre sur la planète. Toute une gamme de soins du corps y sont proposés, à la carte ou en forfait, à la journée ou en séjour, mais toujours dispensés avec professionnalisme. Et pour l'esprit, quoi de mieux qu'une marche en forêt ou un brin de lecture au coin du feu... Vous pouvez aussi choisir d'y demeurer, sans utiliser les services du centre de santé, pour la beauté et la tranquillité de l'endroit. Un grand pavillon principal et cinq pavillons

plus petits abritent 45 chambres bien décorées et confortables dont le luxe varie. Le restaurant, qui sert les trois repas, propose, bien sûr, une cuisine santé.

♥ Auberge du Fenil ⌂✕

$$$ pdj
❄, ℜ, △, ≈
96 chemin Mont Bon-Plaisir
☎(450) 297-3362 ou 888-530-3362
www.aubergedufenil.qc.ca

Située en pleine campagne, l'Auberge du Fenil dispose de 18 chambres tranquilles, décorées avec goût. S'y rattache également un excellent restaurant ($$$), où l'on concocte une fine cuisine française et régionale.

GEORGEVILLE

Auberge Georgeville ⌂✕

$$$$$ pdj
ℜ, ≈, ❀
71 chemin Channel
☎(819) 843-8683 ou 888-843-8686
www.aubergegeorgeville.com

L'Auberge Georgeville, située dans le minuscule village (au bord du lac Memphrémagog) du même nom, est établie dans un imposant manoir victorien (1898) à bardeaux roses. Le service cordial, la véranda panoramique, les escaliers de bois, les antiquités et les merveilleux arômes provenant de la cuisine et des salles à manger confortables créent une ambiance chaleureuse à cachet historique. Les 10 chambres minuscules sont pourvues de planchers de bois et sont décorées à la Laura Ashley; chacune est équipée d'une

salle de bain privée avec douche. Les fins gourmets qui s'attablent à l'Auberge ($$$$) ne cessent d'en faire l'éloge. Le chef crée en effet des plats savoureux avec des produits régionaux qui débordent de saveur et de fraîcheur. S'ajoute à cela le plaisir de se retrouver dans une vieille maison plus que centenaire.

GRANBY

Chez Plumet ✕

$$$-$$$$
mar-sam
1507 rue Principale
☎(450) 378-1771

Malgré son décor un peu quelconque, le restaurant Chez Plumet, ouvert depuis plus de 40 ans, demeure un classique pour les Granbyens. Son ambiance est en effet très chaleureuse, et quoiqu'un peu traditionnel son menu propose une cuisine française de qualité. Le magret de canard qu'on y sert se veut particulièrement succulent!

La Maison de chez nous ✕

$$$-$$$$
mer-dim soir ou sur rendez-vous
apportez votre vin
847 rue Mountain
☎(450) 372-2991

Le patron de La Maison de chez nous a renoncé à sa cave à vins afin de permettre certaines économies à sa clientèle, qui peut désormais apporter son vin. Autre choix significatif de la maison, la cuisine québécoise est mise à l'honneur dans ce qu'elle a de meilleur et de plus recherché. Brunch les dimanches matin dès 10h30.

KNOWLTON

♥ Auberge Lakeview Inn ⌂

$$$$$ ½p
❀, ≈, ℜ, ⊗, ≡
50 rue Victoria
☎(450) 243-6183 ou 800-661-6183
⇄243-0602
www.quebecweb.com/lakeview

L'Auberge Lakeview Inn, bien située dans le village de Knowlton, en retrait de la rue commerçante, propose une atmosphère tout à fait victorienne. En effet, les travaux de rénovation ont fait renaître le cachet de noble ancienneté de ce monument historique dont la construction remonte à la deuxième moitié du XIXe siècle. Douillet et romantique, l'endroit est décoré de boiseries et de papier peint fleuri de style victorien. Malheureusement, les chambres standards restent minuscules, et leur salle de bain peut à peine contenir une douche. Les studios, aux meubles de style antique, sont plus chers, mais en valent le coût. L'établissement abrite aussi un pub des plus décontractés ainsi qu'une salle à manger traditionnelle.

MAGOG

Auberge L'Étoile-sur-le-Lac ⊨
$$$
≡, ≈, ℜ, ☺, ℑ, ℂ
1150 rue Principale
☎(819) 843-6521 ou 800-567-2727
www.etoile-sur-le-lac.com

L'Auberge L'Étoile-sur-le-Lac dispose de chambres mignonnes, chacune offrant une belle vue sur le lac Memphrémagog. Elle bénéficie d'une fort jolie terrasse donnant sur le lac, où vous pourrez vous reposer.

NORTH HATLEY

♥ Auberge Hatley ⊨✕
$$$$$
≡, ⊛, ℑ, ≈, ℜ
325 chemin Virgin
☎(819) 842-2451 ou 800-336-2451
⇄(819) 842-2907
www.aubergehatley.com

L'Auberge Hatley occupe une superbe demeure construite en 1903. Membre de la réputée association Relais & Châteaux, l'Auberge Hatley compte 25 chambres, chacune au décor unique, raffiné et rustique comprenant papier peint fleuri, courtepointes, antiquités et, malheureusement, moquette. Aujourd'hui la salle de séjour spacieuse, donnant sur le lac, ainsi que les chambres se parent de beaux meubles antiques qui créent une atmosphère chaleureuse. Entourée d'un vaste jardin, au cœur duquel a été construite une piscine, l'auberge est un véritable havre de détente. Trop cher pour vous? Vous pouvez simplement prendre le déjeuner dans la grande salle à manger ensoleillée et y admirer un joli panorama. Honorée à maintes reprises, la cuisine du restaurant ($$$$) de l'Auberge est sans conteste l'une des meilleures que l'on puisse goûter dans les Cantons-de-l'Est. Le repas

gastronomique, savamment dosé, saura plaire aux plus fins palais. La salle à manger offre en outre une décoration fort belle et une vue magnifique sur le lac Massawippi. Réservations requises.

♥ Auberge La Raveaudière ⊨
$$$ pdj
≡
11 Hatley Centre
☎(819) 842-2554
⇄(819) 842-1304
www.laraveaudiere.com

L'Auberge La Raveaudière est établie dans une ancienne ferme (1870) rénovée, située sur un vaste terrain à courte distance à pied du centre du village. La salle de séjour, très grande mais tout de même accueillante, comporte des murs bourgogne, un tapis persan sur planchers de bois foncés et de grandes fenêtres avec vue sur le jardin. Malheureusement les sept chambres, toutes aux angles intéressants et aux couleurs ensoleillées, ont l'air légèrement défraîchies et auraient besoin d'un changement de style. Le petit déjeuner complet est composé de délices maison et peut être dégusté sur la terrasse arrière. Accueil chaleureux.

♥ Manoir Hovey ⊨✕
$$$$$
⊛, ☺, ℑ, ≈, ℜ
575 chemin Hovey
☎(819) 842-2421 ou 800-661-2421
⇄(819) 842-2248
www.manoirhovey.com

Installé dans un bâtiment datant de 1900, le Manoir Hovey reflète bien l'époque où de riches familles choisissaient North Hatley pour y passer leurs vacances dans de belles demeures de campagne. Transformé en auberge il y a plus de 40 ans, le Manoir offre, aujourd'hui encore, un grand confort. Il compte 40 chambres, certaines avec des tapis, d'autres

avec des planchers de bois, mais toutes sont garnies de beaux meubles anciens et la plupart font face au lac Massawippi. La vaste étendue de pelouse au bord du lac, derrière la propriété, est idéale pour la relaxation insouciante des jours d'été. Bref, cet agréable endroit déborde de cachet: c'est l'endroit parfait pour une fin de semaine en amoureux… ou même avec sa grand-mère! Garnie de meubles anciens et d'un foyer, la salle à manger (**$$$$**) du Manoir vous promet une ambiance feutrée, et vous y passerez une excellente soirée. La cuisine, tout aussi raffinée que celle servie à l'Auberge Hatley, a elle aussi mérité bien des éloges.

Pilsen ✕
$$-$$$
55 rue Principale
☎(819) 842-2971

Grâce à son menu de style pub (et plus) à prix raisonnable, ses tables près de la rue avec vue sur le lac Massawippi et son étroite terrasse qui flotte littéralement au-dessus de la rivière du même nom, le Pilsen est depuis longtemps l'endroit préféré des gens du coin. Malheureusement le pub du rez-de-chaussée est un refuge pour les fumeurs, mais les autres seront sûrement prêts à braver la boucane pour profiter d'un superbe environnement. Les salades et les hamburgers sont savoureux.

NOTRE-DAME-DES-BOIS

♥ **Aux Berges de l'Aurore** ⌂✕
$$-$$$
ℛ
début mai à fin octobre
139 route du Parc
☎(819) 888-2715
www.auberge-aurore.qc.ca

Aux Berges de l'Aurore occupe une coquette maison dans un cadre paisible, en pleine nature, et propose quatre chambres simples. L'auberge est fermée durant l'hiver. Situé à proximité du verdoyant mont Mégantic, l'intime et fort charmant restaurant Aux Berges de l'Aurore (**$$$$**) sert une excellente cuisine québécoise. Assaisonnés d'herbes sauvages fraîchement cueillies dans la campagne environnante, les plats sont des plus originaux. Dès la première bouchée, on comprend pourquoi sa table a reçu le prix du «Mérite de la fine cuisine estrienne»!

ORFORD

Manoir des Sables ⌂
$$$$-$$$$$
≡, ◉, ⊘, ℂ, ℜ, ≈, ❀, ℛ, △
90 avenue des Jardins
☎(819) 847-4747 ou 800-567-3514
⇆(819) 847-3519
www.manoirdessables.com

À l'ombre du mont Orford se dresse le très luxueux et moderne Manoir des Sables. On y trouve une foule de services et installations dont des piscines extérieure et intérieure, un parcours de golf à 18 trous, des courts de tennis et un spa. Les chambres du dernier étage offrent une vue splendide sur le lac et sur le terrain de 60 ha. Une chambre dans la section «Privilège» assure un service exemplaire et inclut le petit déjeuner continental.

SHERBROOKE

Charmes de Provence ⌂
$$ pdj
350 rue du Québec
☎(819) 348-1147
www.charmesdeprovence.com

À l'accueillant Charmes de Provence, vous vous en doutez, il n'y a pas que les volets bleus et les murs jaunes qui arborent fièrement les couleurs de la Provence: les petits déjeuners rappellent également les saveurs méditerranéennes. On peut d'ailleurs jouer à la pétanque dans la cour…

♥ **Le Cartier** ✕
$$
255 boulevard Jacques-Cartier Sud
☎(819) 821-3311

Le restaurant Le Cartier s'est acquis une grande popularité en bien peu de temps. Donnant sur le parc Jacques-Cartier, à quelques minutes de voiture de l'université, ce petit restaurant respire aisément grâce à ses grandes baies vitrées. Ses menus santé abordables en font un endroit familial chic, cependant suffisamment intime pour les dîners entre amis. Bonne sélection de bières provenant des micro-brasseries québécoises.

Falaise Saint-Michel ✕
$$$
100 rue Webster
☎(819) 346-6339

Sur une petite rue plutôt morose, la Falaise Saint-Michel fait figure de trésor caché. Spécialisée dans la préparation d'une cuisine régionale raffinée, elle présente une variété de plats d'une grande qualité. En outre, elle a l'avantage de posséder une cave à vins particulièrement bien garnie.

Da Toni ✕
$$$$
15 Belvédère Nord
☎(819) 346-8441

La réputation du luxueux restaurant Da Toni, situé en plein cœur du centre-ville, n'est plus à faire. En effet, depuis 25 ans, on y déguste, dans un décor classique, de la fine cuisine française ou italienne accompagnée d'un vaste choix de vins. La table d'hôte propose cinq excellents services, et ce, à bon prix. Quoiqu'un peu bruyante, une terrasse permet de siroter un verre durant la période estivale.

SUTTON

Il Duetto ✕
$$$
227 chemin Élie
☎(450) 538-8239 ou 888-660-7223

Situé dans une contrée rurale calme et bien caché parmi les collines aux alentours de Sutton, le restaurant Il Duetto propose une fine cuisine italienne. Les pâtes maison sont fraîches, et les plats principaux s'inspirent de la gastronomie des différentes régions italiennes. On peut également savourer des vins italiens sur la terrasse, ou bien choisir le menu dégustation à cinq services (**$$$$**) pour se faire une idée de la variété de la cuisine italienne.

VALE PERKINS (KNOWLTON'S LANDING)

♥ Aubergine Relais de campagne ⊨
$$ pdj
ℜ
160 rue Cooledge
☎(450) 292-3246

L'Aubergine Relais de campagne, un ancien relais datant de 1816, tout en brique rouge et comportant une longue galerie, est fort agréable durant les soirées d'été. Cette auberge est d'autant plus plaisante qu'elle offre une vue magnifique sur le lac Memphrémagog.

WATERVILLE

La Mère Veilleuse ⊨
$$ pdj
ℑ
710 rue Principale Sud
☎(819) 837-3075

Il était une fois une maison abandonnée; arriva un couple charmant et enchanté qui l'embrassa de sa patience. Naquit alors La Mère Veilleuse. Ils vécurent heureux (et le sont toujours) et eurent plusieurs centaines de visiteurs (et en reçoivent encore de nombreux). De magnifiques chambres spacieuses, garnies de meubles anciens, confèrent une grande qualité à ce gîte touristique. L'accueil personnalisé et amical rend les séjours inoubliables.

WAY'S MILLS

L'Eau Vive ⊨
$$-$$$ pdj
bc/bp, ℜ
698 chemin Madore
☎(819) 838-5631
www.eauvive.ca

Après une dizaine de minutes de route de campagne, on arrive à un tout petit village d'une vingtaine de maisons que dominent paisiblement deux églises. On y découvre le gîte touristique L'Eau Vive au bord de la coquette rivière Niger. Le gîte propose un bon confort, un accueil chaleureux et une table remarquable, le tout dans une superbe maison d'époque, loin des bruits et du stress de la ville.

Charlevoix

La région de Charlevoix s'enorgueillit non seulement d'avoir un cadre naturel exceptionnel, mais aussi de disposer d'un réseau d'auberges et de restaurants uniques.

C'est tout naturel puisqu'elle a une tradition d'accueil de plus de 200 ans. En effet, cette région fut le berceau de la villégiature au Canada, et beaucoup d'auberges aujourd'hui en activité furent jadis de belles villas bourgeoises de la haute société nord-américaine.

Dès le XIXᵉ siècle, les seigneurs écossais de La Malbaie accueillaient pendant l'été de nombreux visiteurs. Tous étaient charmés par la beauté envoûtante des lieux. Les villégiateurs y passaient les mois de juillet et d'août. Ils venaient, entre autres choses, pour y profiter de l'air marin tonique et des bains de mer auxquels on attribuait des vertus curatives. Si vous trouvez que le «fond de l'air est frais», dites-vous bien que c'est aussi pour cette raison spécifique que les gens aisés y firent construire d'élégantes villas au cours du XIXᵉ siècle, afin de fuir les chaleurs et l'environnement malsain des grandes villes à cette époque (problèmes de salubrité, risques de choléra).

Le milieu du XIXᵉ siècle marqua les débuts de l'ère des «bateaux blancs», ces paquebots luxueux qui sillonnaient le fleuve et le fjord du Saguenay. Les croisières avec escales étaient à la mode auprès d'une certaine élite, et les «palais flottants» emmenèrent de nombreux visiteurs à Pointe-au-Pic et à Cap-à-l'Aigle. Les compagnies de croisière durent alors construire de grands hôtels afin de pouvoir héberger tous ces touristes. C'est ainsi, par exemple, qu'un premier Manoir Richelieu fut érigé en 1899. Il fut détruit par un incendie en 1928, et on l'a reconstruit immédiatement, en béton cette fois-ci, dans le style château, très en vogue au début du XXᵉ siècle.

Indicatif régional: 418

LES SÉJOURS 🛏

Comme on l'a indiqué plus haut, la région de Charlevoix est reconnue pour son hospitalité légendaire. La majorité des auberges d'aujourd'hui furent construites au milieu du XIXᵉ siècle pour des membres de l'élite nord-américaine. Ces résidences secondaires étaient bâties selon les normes de l'époque. C'est la période du romantisme: on érige de somptueuses demeures que l'on pare de jardins d'agrément. D'ailleurs, on y trouve quelques-uns des plus beaux jardins du Québec. Attendez-vous à voir des lieux artistement aménagés où se succèdent roseraies, plantes vivaces, bosquets, bassins et cascades, haies de thuyas... le tout disposé de manière à mettre en valeur la topographie et les villas.

L'environnement de ces auberges est tout aussi particulier: elles sont soit localisées au cœur de beaux villages ancestraux tels que Baie-Saint-Paul et Les Éboulements, soit à des endroits qui offrent des panoramas exceptionnels. Plusieurs surplombent le fleuve du haut de leurs falaises. Ainsi, le visiteur peut porter le regard sur l'île aux Coudres, sur la mer ou sur des caps saisissants.

L'aménagement intérieur de ces auberges est tout aussi soigné. Ici, c'est tout le contraire de l'uniformité et de la standardisation des établissements des grandes chaînes hôtelières. Les aubergistes apportent tous une touche personnelle au

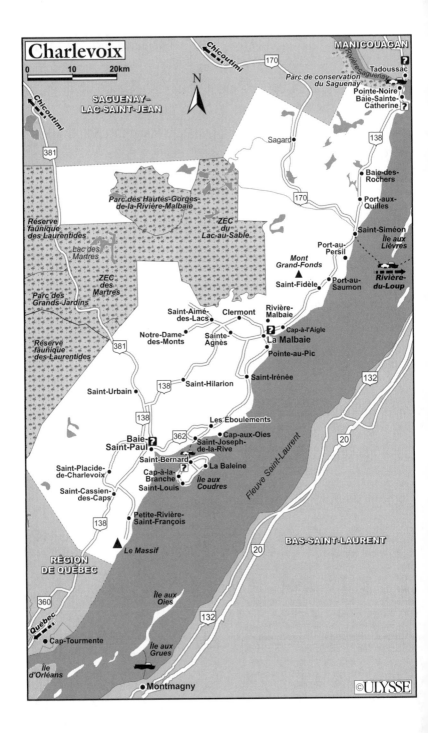

mobilier et au décor. L'authentique prime: on privilégie le style campagnard, et chaque chambre ou suite a un décor unique. Imaginez une chambre avec foyer, baignoire à remous, lit à baldaquin et balcon avec vue sur la mer!

En ce qui concerne les services des établissements, de nombreux hôtels et auberges sont dotés d'équipements permettant la tenue de réunions d'affaires, de congrès ou de réceptions. Et, en ce qui a trait aux petites douceurs, un bon nombre de ces lieux d'hébergement disposent aussi d'un spa (massothérapie et autres soins du corps).

Il y a une centaine d'auberges, d'hôtels et de motels dans Charlevoix. Cette région s'imposant maintenant comme destination touristique quatre-saisons, la majorité des établissements sont ouverts à longueur d'année.

Il n'existe qu'un établissement de 200 chambres et plus, soit le Manoir Richelieu, qui rouvrit ses portes à l'été 1999, après avoir été l'objet d'importants travaux de rénovation.

Les endroits qui comptent le plus d'établissements sont La Malbaie–Pointe-au-Pic, Cap-à-l'Aigle, Baie-Saint-Paul et l'île aux Coudres.

Voici quelques suggestions d'établissements qui sont reconnus pour leurs qualités hôtelières:

Baie-Saint-Paul: l'Auberge La Maison Otis, l'Auberge La Pignoronde
Cap-à-l'Aigle: Auberge des Peupliers

La Malbaie–Pointe-au-Pic: Auberge des Trois Canards et Motels, Manoir Richelieu.

Enfin, étant donné l'important afflux de touristes, surtout en été, il est recommandé de faire ses réservations avant son départ.

LES DÉLICES ✕

La tradition d'hospitalité de Charlevoix s'étend aussi au niveau des plaisirs de la table. Il existe en effet de nombreuses tables gastronomiques et caves à vins des plus raffinées, la plupart situées à même les auberges.

Les chefs de ces établissements vous feront découvrir les mets et produits régionaux qui ont été développés par les producteurs locaux. Vous pourrez alors vous laisser tenter par la soupe aux gourganes, le pâté de sauvagine, la cipaille au lièvre, le pâté croche, les plats de canard ou d'oie...

On peut se mettre à table dans de belles salles à manger au décor feutré avec immense foyer central et vue sur la mer, ou encore on peut s'attabler dans de jolis jardins agréablement aménagés.

LES ADRESSES

BAIE-SAINT-PAUL

Auberge La Pignoronde ⊨✕
$$
bp, ≡, ≈, ℜ
750 boulevard Mgr-De-Laval
☎435-5505 ou 888-554-6004
www.aubergelapignoronde.com
L'étrange bâtiment circulaire de l'Auberge La Pignoronde est d'aspect plutôt quelconque. Heureusement, le décor intérieur est des plus charmants. Ainsi, le hall pourvu d'un foyer s'avère fort accueillant. On y jouit d'une vue superbe en plongée sur la baie. Dans un décor exceptionnel qui donne sur la vallée du Gouffre et sur l'île aux Coudres, la salle à manger de l'auberge (**$$$-$$$$**) sert une cuisine absolument délicieuse où viandes, poissons et fruits de mer se partagent la scène avec brio. Le service est particulièrement attentionné.

♥ **Auberge La Maison Otis** 🛏️✕
$$$$-$$$$$
≡, 🐾, ⊛, ⊘, 🎿, ≈, ☼, ℜ, △
23 rue St-Jean-Baptiste
☎435-2255 ou 800-267-2254
⇄435-2464
www.maisonotis.com

L'Auberge La Maison Otis conjugue une ambiance suave et un décor de bon goût à une table divine. L'ancienne section a de petites chambres douillettes, avec le lit au second palier, alors que, dans la nouvelle section, les chambres sont grandes. D'une architecture québécoise classique, cette ancienne banque est située au cœur de la ville. Les qualificatifs les plus fins et les plus suaves s'appliquent à la cuisine de l'auberge (**$$$-$$$$**), qui a développé un menu gastronomique évolué où les saveurs régionales prennent de nouveaux accents et suscitent de nouvelles compositions. Dans le décor invitant de la plus ancienne section de l'auberge, où se trouvait une banque auparavant, le client est invité à une expérience culinaire réjouissante ainsi qu'à une soirée apaisante. Le service est impeccable, et plusieurs éléments du menu sont réalisés sur place. Bonne sélection de vins.

Le Mouton Noir ✕
$$$
43 rue Ste-Anne
☎240-3030

Le Mouton Noir est l'une des révélations de Baie-Saint-Paul. Sa cuisine épouse les saisons et les nouveaux arrivages de produits régionaux frais. Le menu est inventif, et les plats sont aussi raffinés que bons. En été, une grande terrasse permet de manger à l'extérieur, à proximité de la rivière.

Cap-à-l'Aigle

♥ **Auberge des Peupliers** 🛏️✕
$$$-$$$$
🎿, ☼, ℜ, △
381 rue St-Raphaël
☎665-4423 ou 888-282-3743
⇄665-3179
www.aubergedespeupliers.com

L'Auberge des Peupliers est construite à flanc de colline et surplombe le fleuve Saint-Laurent. Les chambres sont garnies de meubles en bois qui leur donnent un charmant air vieillot. L'auberge dispose de salons paisibles, bien agréables pour se détendre. La table de l'Auberge des Peupliers (**$$$-$$$$**) réserve de nombreuses et belles surprises à ses convives, fruits des audaces et de l'imagination fertile de son chef. On n'a qu'à s'abandonner à ces découvertes excitantes de saveurs françaises et locales qui ne risquent pas de décevoir.

Manoir Richelieu

La Pinsonnière 🛏️✕
$$$$-$$$$$
≡, ⊛, ⊘, 🎿, ≈, ℜ, △
124 rue St-Raphaël
☎665-4431 ou 800-387-4431
⇄665-7156
www.lapinsonniere.com

Le luxueux hôtel La Pinsonnière, membre des Relais & Châteaux, repose sur un site enchanteur près du fleuve. Les chambres sont décorées avec goût; chacune est différente des autres. La table de La Pinsonnière (**$$$$**) a très longtemps été considérée comme le summum du raffinement gastronomique dans Charlevoix, et, malgré une concurrence de plus en plus féroce, elle mérite encore le titre sous plusieurs aspects. La Pinsonnière offre une carte gastronomique classique de très haut niveau, et les repas y sont une véritable expérience gustative qui demande qu'on y consacre la soirée. La cave à vins demeure la plus riche de la région et l'une des meilleures du Québec.

La Malbaie–Pointe-au-Pic

♥ Manoir Richelieu ⊨⊨✕
$$$$$
≡, 🐎, ⊛, ☺, ℂ, ℑ, ≈, ❂, ℜ, △
181 rue Richelieu
☎665-3703 ou 800-441-1414
⇋665-3093
www.fairmont.com

Véritable institution hôtelière au Québec, le Manoir Richelieu demeure un des lieux de villégiature les plus recherchés et les plus appréciés du Québec. Doté de tourelles, de gâbles et d'un toit aigu, ce joyau architectural d'inspiration normande dispose de 350 chambres et de nombreuses suites dans sa section arrière. Plusieurs boutiques sont aménagées au rez-de-chaussée, de même qu'un lien souterrain avec le casino. Une bonne partie des chambres a été rénovée depuis l'arrivée du casino. Depuis quelques années, la salle à manger du Manoir, Le Saint-Laurent ($$$$), a considérablement rehaussé ses normes de qualité, au point de s'imposer comme l'une des meilleures tables gastronomiques de la région. La salle de l'allée vitrée propose, en plus de sa vue imprenable sur le fleuve, un superbe menu composé généralement de trois choix de viandes et de trois choix de poissons offerts en cinq services. Le brunch du dimanche matin est une expérience à vivre dans Charlevoix même si vous ne logez pas à l'hôtel.

Crêperie Le Passe Temps ✕
$$-$$$
245 boulevard de Comporté
☎665-7660

La Crêperie Le Passe Temps constitue un choix judicieux pour un excellent repas le midi ou le soir dans une ambiance des plus plaisantes. On propose au menu une grande diversité de crêpes-repas et de crêpes-desserts de farine de sarrasin ou de blé. Les pâtes fraîches sont exquises, en particulier le spaghetti aux tomates fraîches et au fromage Migneron. La terrasse est très appréciée.

♥ Auberge des Trois Canards et Motels ✕
$$$$
115 côte Bellevue
☎665-3761 ou 800-461-3761

Les maîtres-queux de l'auberge ont toujours fait preuve d'audace et d'invention pour intégrer à leur cuisine raffinée des éléments du terroir ou des gibiers. Ils y ont toujours réussi avec brio, dotant «Les Trois Canards» d'une réputation nationale enviable. Le service s'y démarque par sa cordialité de bon aloi et l'information qu'on y offre sur les plats servis. Bonne carte des vins.

Saint-Hilarion

L'Aubergine ⊨⊨
$$ pdj
🐎, ≈
179 rang 6
☎457-3018 ou 877-457-3018
www.aubergineinn.com

En plus de son joli nom, L'Aubergine propose une formule tout à fait intéressante si vous êtes à la recherche de tranquillité et de grand air. Le grand air, vous le retrouverez dans la nature qui l'entoure et dans les multiples activités qui s'offrent à vous dans la région. Quant à la tranquillité, chacune des six chambres de l'établissement étant dotée d'une entrée privée et d'une salle de bain, vous vous y sentirez sûrement à votre aise. Les hôtes préparent, sur réservation, un bon repas du soir végétarien. Les petits déjeuners sont copieux.

Saint-Irénée

♥ Auberge des Sablons ⊨⊨✕
$$$ ½p par pers.
⊛, ℑ, ❂, ℜ
290 chemin des Bains
☎452-3594 ou 800-267-3594
⇋452-3240
www.quebecweb/sablons

La jolie maison blanche aux volets bleus abritant l'Auberge des Sablons est tout à fait charmante. Elle se trouve sur un site

d'une grande tranquillité voisin du Domaine Forget. Les chambres, au décor vieillot, sont agréables. Charme, romantisme et bon goût se marient merveilleusement à la qualité de la table (**$$$-$$$$**), pour assurer une soirée dont toutes les composantes contribuent à une agréable réussite. Vous pourrez y savourer une excellente cuisine française tout en admirant la mer depuis la terrasse ou le salon.

SAINT-JOSEPH-DE-LA-RIVE

La Maison sous les Pins ✕
$$$
352 rue F.-A.-Savard
☎635-2583

Dans ses salons intimes et chauds, La Maison sous les Pins offre une vingtaine de places à une clientèle venue découvrir les fumets raffinés d'un alliage de cuisine régionale et de cuisine française qui met toutefois en valeur les produits charlevoisiens. Ambiance romantique et accueil sympathique. Non-fumeurs.

R. Pierson

Chaudière-Appalaches

Chaudière-Appalaches est une région touristique de la rive sud du Saint-Laurent. Son territoire se divise en trois secteurs: le littoral, l'arrière-pays et la Beauce.

Le littoral est la partie la plus ancienne. En amont de Lévis se succèdent de jolis hameaux qui datent du Régime français; en aval se dressent des bourgades qui étaient autrefois étroitement liées à la construction navale et à la villégiature. D'ailleurs, Berthier-sur-Mer et L'Islet-sur-Mer évoquent ce fait. Ici le fleuve se prend pour la mer, et cette partie du Québec a vu défiler, depuis trois siècles, de nombreuses migrations (humaines, aviaires...).

L'arrière-pays occupe les contreforts des Appalaches, et ses forêts sont celles qui présentent l'une des plus fortes concentrations d'érables à sucre de toute l'Amérique du Nord.

Enfin, la Beauce est la région qui occupe la vallée de la rivière Chaudière, laquelle traverse, du nord jusqu'à la frontière du Maine, ce vaste territoire.

Indicatif régional: 418

LES SÉJOURS 🛏

Chaudière-Appalaches compte plus de 130 hôtels, motels, auberges et gîtes touristiques dans une soixantaine de municipalités. La majorité des établissements sont situés le long des deux principaux axes routiers traversant la région, soit la route 132 (le littoral) et la route 173 (la Beauce).

La ville de Lévis est la capitale régionale, et, forcément, on y retrouve de nombreux motels et hôtels. Elle possède plusieurs atouts en matière d'hébergement; entre autres, c'est un bon endroit où se loger pour ceux et celles qui visitent la ville de Québec. Premièrement, vous n'aurez pas de problème de transport et de stationnement; vous laissez votre voiture à l'hôtel, et vous prenez le traversier! Deuxièmement, c'est de la terrasse de Lévis et à bord du traversier que la vieille ville de Québec, avec ses remparts et son célèbre Château Frontenac, se dévoile dans toute sa splendeur!

LE LITTORAL ENTRE LECLERCVILLE ET LÉVIS

Ce secteur est celui qui regroupe le plus de maisons ancestrales. Vous pouvez donc loger dans l'une de celles-ci. En particulier, à Saint-Antoine-de-Tilly, le Manoir de Tilly bénéficie d'une grande réputation. C'est un ancien manoir seigneurial qui date de 1786. Ses chambres sont luxueuses, et sa gastronomie est des plus recherchées. Un spa complète le tout.

LE LITTORAL ENTRE LÉVIS ET SAINT-ROCH-DES-AULNAIES

Montmagny est un autre important centre urbain de la région. C'est un point de chute important pour les touristes qui désirent visiter la Grosse-Île et l'archipel de l'Isle-aux-Grues, et pour ceux et celles qui se rendent dans cette région, au printemps ou à l'automne, afin d'assister au merveilleux spectacle de la migration des oies des neiges. Le Manoir des Érables est un autre établissement digne de mention. Cette vieille demeure en pierre fut construite en 1812. Auberge haut de gamme, le Manoir a su, ces dernières années, développer le concept de forfaits d'une manière originale et inédite. Par exemple, en hiver, l'héli-ski est un concept selon

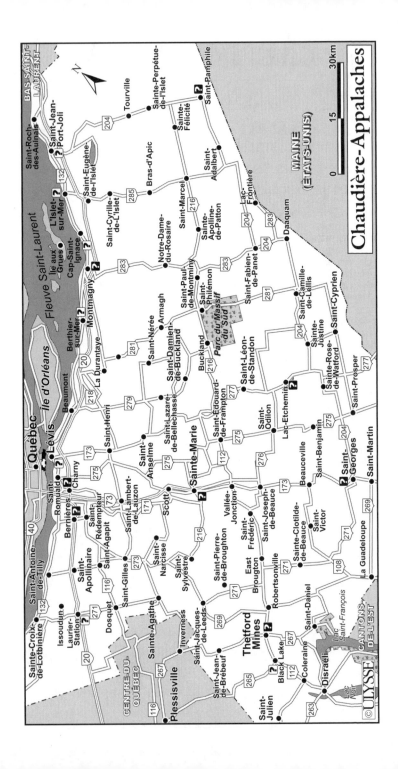

Chaudière-Appalaches

lequel on vous transporte en hélicoptère sur le mont Sainte-Anne au départ du Manoir. Toujours pendant la même saison, il existe des forfaits pour faire du canot à glace sur le fleuve, du traîneau à chiens et plus encore.

L'Islet-sur-Mer est profondément marqué par son héritage maritime. En effet, ce hameau fut le berceau de plusieurs marins et capitaines illustres. L'Auberge des Glacis, à Saint-Eugène-de-l'Islet, est un autre fleuron de l'hôtellerie de la région. Cette auberge est en fait un ancien moulin seigneurial situé au milieu d'une clairière. Ses chambres, très chaleureuses, sont décorées de meubles anciens.

Saint-Jean-Port-Joli demeure un haut lieu touristique de la région Chaudière-Appalaches: c'est la capitale de l'artisanat du Québec (elle est surtout reconnue pour ses illustres sculpteurs sur bois). C'est donc une destination touristique fort courue et plutôt commerciale.

LA BEAUCE ET LES APPALACHES

Il y a de nombreux hôtels et motels le long de la route 173 et de l'autoroute 73,

puisque celles-ci sont d'importantes voies de communication entre le Québec et l'État du Maine. Saint-Georges et Saint-Georges-Est possèdent le plus d'établissements hôteliers. Enfin, les visiteurs qui vont dans le secteur du parc de Frontenac pourront se loger à Thetford Mines ou dans les environs.

LES DÉLICES ✕

La grande restauration se concentre surtout dans la zone littorale de Chaudière-Appalaches. La majorité des grandes tables sont celles qu'on trouve dans les auberges renommées. Par exemple, à l'Auberge des Glacis, à Saint-Eugène-de-l'Islet, on propose une excellente cuisine française. Il en est de même au Manoir de Tilly ainsi qu'au Manoir des Érables.

LES ADRESSES

L'ISLET-SUR-MER

La Paysanne ✕
$$-$$$$
497 chemin des Pionniers Est
☎247-7276 ou 877-660-7276
Le restaurant La Paysanne est situé tout juste au bord du fleuve. Sa salle à manger offre donc une superbe vue sur le Saint-Laurent et sa rive nord. On peut y déguster une fine cuisine française jouant avec les saveurs de la région et présentée de belle façon.

MONTMAGNY

♥ **Manoir des Érables** ⊨✕
$$$-$$$$
≡, 🐾, ⊛, 𝕵, ≈, 𝕽
220 boulevard Taché Est
☎248-0100 ou 800-563-0200
⇌248-9507
www.manoirdeserables.com
Le Manoir des Érables est un ancien logis seigneurial à l'anglaise. L'opulence de sa décoration d'époque et son accueil courtois et chaleureux vous assurent d'un séjour de roi. Les chambres sont belles et confortables, et plusieurs d'entre elles ont un foyer. Au rez-de-chaussée, on a aménagé un agréable «cigar lounge» orné de multiples trophées de chasse où l'on propose une grande variété de scotchs et de cigares. On loue aussi des chambres de motel, situées un peu à l'écart sous les

érables, et quelques chambres dans un pavillon tout aussi invitant que le manoir lui-même. À la table du Manoir **($$$$)**, le poisson et la viande de gibier sont à l'honneur. L'oie, l'esturgeon, la lotte, l'agneau ou le faisan sont ici mijotés selon la pure tradition française. Servis dans la magnifique salle à manger de l'auberge, ces produits de la région sauront vous enchanter. En automne et en hiver, un feu de foyer réchauffe les convives attablés. Il s'agit d'une des meilleures tables de la région.

SAINT-ANTOINE-DE-TILLY

♥ Manoir de Tilly ⊨═⊨ ✕
$$$-$$$$ pdj
≡, 🐾, ⊛, ⊘, ⟁, ✿, ℜ
3854 chemin de Tilly
☎886-2407 ou 888-862-6647
⇄886-2595
www.manoirdetilly.com

Le Manoir de Tilly est une ancienne résidence datant de 1786. Les chambres ne sont toutefois pas aménagées dans la partie historique, mais dans une aile moderne qui offre cependant tout le confort et la tranquillité voulus. Elles sont toutes munies d'un foyer et offrent une belle vue. L'auberge possède aussi un spa et des salles de réunion. La table **($$$$)** du Manoir de Tilly vous propose une cuisine française raffinée, mariée à des produits d'ici, tels l'agneau et le canard, ou à des mets plus inusités, comme l'autruche et le daim. Dans la salle à manger rénovée, il est difficile de s'imaginer qu'on se trouve dans un bâtiment historique. L'endroit est toutefois agréable, et vous pourrez y déguster des plats finement apprêtés et présentés, tout en ayant les yeux rivés sur la vue qui s'offre derrière les grandes fenêtres du mur nord.

SAINT-EUGÈNE-DE-L'ISLET

♥ Auberge des Glacis ⊨═⊨✕
$$
≡, ℜ
46 route de la Tortue
☎247-7486 ou 877-245-2247
⇄247-7182
www.aubergedesglacis.com

Installée dans un ancien moulin seigneurial au bout d'une petite route bordée d'arbres, l'Auberge des Glacis a un charme bien particulier. Les chambres sont confortables et possèdent chacune

un nom et une décoration bien à elle. Le tout a conservé les beaux atours du moulin, comme ses fenêtres de bois à large encadrement et ses murs de pierres. Le site est lui aussi des plus agréables; on y trouve un lac, des sentiers aménagés pour l'observation des oiseaux, une petite terrasse et, bien sûr, une rivière. L'endroit est exceptionnellement tranquille et invite à la détente. À l'Auberge des Glacis, vous avez rendez-vous avec une fine cuisine française **($$$$)** qui risque bien de faire partie de vos meilleurs souvenirs gastronomiques! La salle à manger est claire et agréablement aménagée. Vous pourrez y déguster des plats de viande ou de poisson tout aussi beaux que bons. Le midi, on peut aussi prendre un repas plus léger sur la terrasse, au bord de la rivière.

SAINT-GEORGES

♥ La Table du Père Nature ✕
$$$
10735 1re Avenue
☎227-0888

La Table du Père Nature est certes l'un des meilleurs restaurants de la ville. On y sert une cuisine française d'inspiration nouvelle, préparée avec art et raffinement. La simple lecture du menu saura vous mettre en appétit. On y propose à l'occasion des plats de gibier.

SAINT-JEAN-PORT-JOLI

♥ Maison de L'Ermitage ⊨═⊨
$$ pdj
bc/bp
56 rue de l'Ermitage
☎598-7553
⇄598-7667

Dans une vieille maison rouge et blanche à quatre tours d'angle et entourée d'une galerie avec vue sur le fleuve, le gîte de la Maison de L'Ermitage vous propose cinq chambres douillettes et un bon petit déjeuner. On pourra y profiter de nombreux petits coins ensoleillés, aménagés pour

la lecture ou la détente, ainsi que du terrain qui descend jusqu'au fleuve. Juste à côté se tient chaque année la Fête internationale de la sculpture.

Café Bistro O.K. ✕
$-$$
247 rue du Quai
☎598-7087

Devant la nouvelle marina se trouve un bistro des plus agréables. Le Café Bistro O.K. est décoré de façon originale et meublé de vieux bancs d'église sculptés et colorés: après tout, on est à Saint-Jean-Port-Joli! Le menu est inscrit sur un sac en papier et affiche de bons petits plats tels

que hamburgers et fines pizzas. Par les belles soirées d'été, sa «galerie-terrasse» est bondée.

Café La Coureuse des Grèves ✕
$$-$$$$
300 route de l'Église
☎598-9111

Le Café La Coureuse des Grèves, jadis beaucoup plus petit, a su garder la qualité dans tous les aspects de ce qu'il a à offrir aux visiteurs. Ambiance chaleureuse de bois clair et cafés mémorables. En été, c'est la terrasse fleurie qui compte. N'oubliez pas de demander qu'on vous raconte la légende de La Coureuse...

Moulin de Beaumont

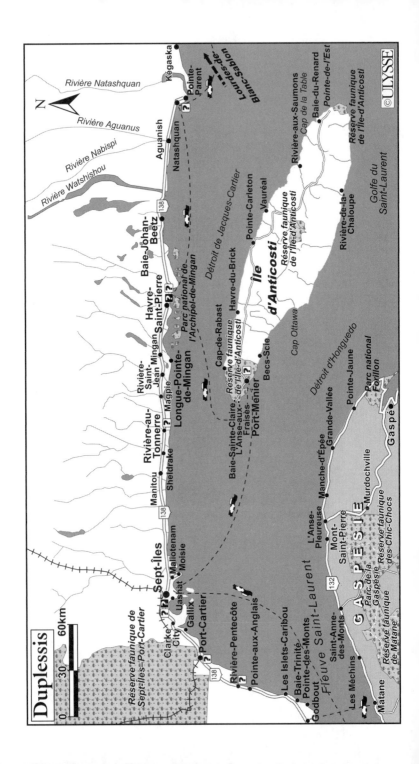

Duplessis

0 30 60km

©ULYSSE

Rivière Natashquan
Rivière Aguanus
Rivière Nabispi
Rivière Watshishou

N

Kégaska
Pointe-Parent
Lourdes-de-Blanc-Sablon
Aguanish
Natashquan
Rivière-aux-Saumons
Cap de la Table
Baie-du-Renard
Pointe-de-l'Est
Réserve faunique de l'Île-d'Anticosti
Golfe du Saint-Laurent

Baie-Johan-Beetz
Havre-Saint-Pierre
Rivière-Saint-Jean
Mingan
Longue-Pointe-de-Mingan
Magpie
Rivière-au-Tonnerre
Sheldrake
Manitou

Détroit de Jacques-Cartier
Parc national de l'Archipel-de-Mingan
Cap-de-Rabast
Havre-du-Brick
Pointe-Carleton
Vauréal
Île d'Anticosti
Réserve faunique de l'Île-d'Anticosti
Cap Ottawa
Becs-Scie
Réserve faunique de l'Île-d'Anticosti
Baie-Sainte-Claire
L'Anse-aux-Fraisés
Port-Menier

Détroit d'Honguedo
Pointe-Jaune
Parc national Forillon
Gaspé
Baie-du-Renard

Sept-Îles
Maliotenam
Moisie
Uashat
Gallix
Port-Cartier
Rivière-Pentecôte
Pointe-aux-Anglais
Clarke City
Réserve faunique de Sept-Îles-Port-Cartier

Grande-Vallée
Manche-d'Épée
L'Anse-Pleureuse
Mont-Saint-Pierre
Murdochville
Réserve faunique des Chic-Chocs

G A S P É S I E
Parc de la Gaspésie
Réserve faunique de Matane

Les Islets-Caribou
Baie-Trinité
Pointe-des-Monts
Godbout
Fleuve Saint-Laurent
Saint-Anne-des-Monts
Les Méchins
Matane

138
132

Duplessis

Comme les Îles de la Madeleine et le Nouveau-Québec, Duplessis compte parmi les destinations les plus éloignées du Québec.

Dans Duplessis, vous vous trouvez au nord du 50ᵉ parallèle et à l'extrémité est du Québec. C'est une région de ressources qui est peu peuplée. Ici c'est la nature qui prime avant tout, le plaisir d'être au cœur de grands espaces vierges, de petits villages de pêcheurs, le tout dans un cadre de tourbières, de forêt boréale et de toundra sans interruption jusqu'à l'archipel arctique. Sur la Côte-Nord, le tourisme de masse (si l'on peut parler en ces termes) est un phénomène relativement récent. En effet, l'unique route de la région, soit la route 138, ne relie Sept-Îles et Havre-Saint-Pierre que depuis 1976; encore plus, elle ne relie cette dernière et Natashquan que depuis 1996. Ce village marque l'extrémité est de cette route! Au-delà, vous devrez vous embarquer sur un bateau, qui fait du cabotage jusqu'à Blanc-Sablon, ou bien prendre un avion s'il fait beau!

Pour toutes ces raisons, on peut facilement comprendre que les infrastructures d'accueil soient limitées dans Duplessis. On n'y trouve pas de véritables centres de villégiature tels qu'on en voit dans les Laurentides ou les Cantons-de-l'Est. D'ailleurs, il n'y a pas de véritable demande pour ce genre de produit ici. Au contraire, on y pratique surtout de l'écotourisme et du tourisme d'aventure.

Indicatif régional: 418

LES SÉJOURS

«Infrastructures d'accueil limitées» ne veut pas dire «infrastructures inadéquates». Malgré le fait que la majorité des établissements soient petits et modestes, les touristes seront amplement comblés. Mais ce qui caractérise le plus l'hébergement dans cette région, demeure l'accueil chaleureux et convivial. Les «Nord-Côtiers», les Cayens de Havre-Saint-Pierre, les Innus et les habitants de l'île d'Anticosti sont heureux de recevoir de la visite des «gens du Sud». Vu le nombre limité de visiteurs, on n'a pas encore atteint un point d'indifférence ou de saturation tel que celui que l'on peut constater dans certaines grandes stations touristiques, où l'abondance de touristes fait partie de la vie quotidienne.

DE POINTE-AUX-ANGLAIS À SEPT-ÎLES

Quelque 100 km séparent ces deux endroits. On y trouve les deux principaux centres urbains de la région de Duplessis: Port-Cartier et Sept-Îles. Sept-Îles est d'ailleurs la métropole de la Côte-Nord et, forcément, le lieu qui regroupe le plus grand nombre de grands hôtels et de restaurants. Vous avez le choix de loger dans un des sept grands hôtels de la ville.

De Sept-Îles à Havre-Saint-Pierre

Plus de 210 km séparent ces deux endroits. Il faut bien planifier ses déplacements puisque les lieux d'hébergement sont plutôt rares sur ce territoire. À Mingan, vous pouvez vivre une expérience culturelle hors du commun: loger dans une communauté innue.

La majorité des touristes qui se rendent à Havre-Saint-Pierre vont trouver de l'hébergement dans la région immédiate, puisque les établissements de Havre-Saint-Pierre sont souvent complets. Il n'y a que trois hôtels traditionnels à Havre-Saint-Pierre, mais on peut aussi évidemment habiter dans des gîtes ou des chalets. Tous ces établissements sont situés en plein cœur du centre névralgique de Havre-Saint-Pierre. Vous pouvez aisément vous rendre à pied aux restaurants ou même faire une petite balade du côté du port.

De Havre-Saint-Pierre à Natashquan

Quelque 155 km séparent ces deux endroits. La route a été ouverte en 1996. Les infrastructures d'accueil sont donc très récentes et limitées. On est actuellement en période de développement touristique; par conséquent, il n'y a que de petites auberges de 15 chambres ou moins, et les restaurants sont rares. Mais quel plaisir de se retrouver ici! On se sent un peu comme les grands aventuriers romantiques du début du siècle dernier qui allaient de village en village et qui étaient accueillis par leurs habitants.

De Natashquan à Blanc-Sablon

Il n'y a plus de route! On fait du cabotage à bord du cargo «Nordik Express». Il est fortement recommandé de faire ses réservations avant de partir. Vous vivrez une autre forme de dépaysement puisque vous verrez de petits villages de pêcheurs anglo-saxons, avec maisons sur pilotis et trottoirs de bois.

L'Île d'Anticosti

C'est vraiment une destination des plus exotiques. Quelque 300 habitants seulement vivent dans cette immense île qui fait plus de 222 km de long, presque la distance entre Montréal et Québec! On loge à Port-Menier dans l'un des deux établissements de l'endroit. Mais, comme on sait, l'île est un véritable paradis de la faune, certains la surnommant le «Costa Rica du Nord». Il y a, entre autres, plus de 125 000 cervidés sur le territoire. Les amants de la nature retrouveront, sur le site même des auberges, des chevreuils et des renards qui ne demandent qu'à se laisser observer!

LES DÉLICES ✕

Il faut tenir compte des mêmes conseils que ceux prodigués pour l'hébergement. Les villages sont espacés; le nombre d'endroits où l'on peut se restaurer, limités. Outre Sept-Îles et la région de Havre-Saint-Pierre, on ne trouve généralement que des casse-croûte ou des petits restaurants dans les villages côtiers.

L'une des choses qui impressionne le plus le visiteur est la rareté de fruits et de légumes frais. C'est normal, vu l'éloignement et le fait que le climat est trop rude pour permettre l'agriculture. Toutefois, cela est largement compensé par l'abondance de bons produits frais provenant de la mer, souvent pêchés le jour même à quelques kilomètres du littoral.

Dans cette région de mer et de grands espaces, morue, palourdes, flétan, crabe, saumon et gibier des bois, souvent cuits avec du lard salé, composent les menus les plus typiques.

Un autre élément particulier demeure la tradition de la cueillette des fruits de saison. Le plus populaire est le chicoutai que l'on dénomme aussi «plaque-bière». Ce n'est que dans la région de Duplessis que l'on déguste ce petit fruit; on en fait d'excellentes confitures et pâtisseries que l'on peut se procurer un peu partout au Québec.

Enfin, un rendez-vous incontournable lorsque l'on réside à Havre-Saint-Pierre est le restaurant Chez Julie, car on y sert d'excellents poissons et fruits de mer. C'est d'ailleurs le restaurant le plus populaire de la Minganie.

LES ADRESSES

BAIE-JOHAN-BEETZ
♥ Maison Johan-Beetz |≃|
$$ pdj
15 Johan-Beetz
☎539-0137
Vous pouvez loger dans la Maison Johan-Beetz, un hôtel exceptionnel puisqu'il s'agit d'un monument historique décoré de dessins de Johan Beetz. Les chambres sont confortables quoique rudimentaires.

HAVRE-SAINT-PIERRE
♥ Chez Julie ✕
$-$$$$
1023 rue Dulcinée
☎538-3070
La réputation du restaurant Chez Julie n'est plus à faire, car ses excellents plats de

fruits de mer en ont ravi plus d'un. Son décor, avec sièges en vinyle, ne parvient pas à refroidir l'ardeur des inconditionnels, qui y reviennent pour savourer la pizza aux fruits de mer et au saumon fumé.

KEGASKA
♥ Gîte le Brion |≃|
$$
bc
avenue Kegaska
☎/≈726-3738
www.kegaska.com
On trouve à Kegaska un petit gîte familial vraiment sympathique qui vous assure d'un accueil chaleureux ainsi que d'un bon repas. Ambiance détendue et service attentionné. Ouvert toute l'année. Plage.

PORT-MENIER
♥ Pointe-Carleton ✕
$-$$
Sépaq
La salle à manger de Pointe-Carleton est la meilleure et la plus agréable table de l'île d'Anticosti. Dans une pièce lumineuse ou sur la terrasse, le point de vue est spectaculaire et la cuisine savoureuse. Chaque soir, on propose une spécialité différente. Si vous êtes ici un soir de «Bacchante» (assiette du pêcheur), ne manquez le repas pour rien au monde.

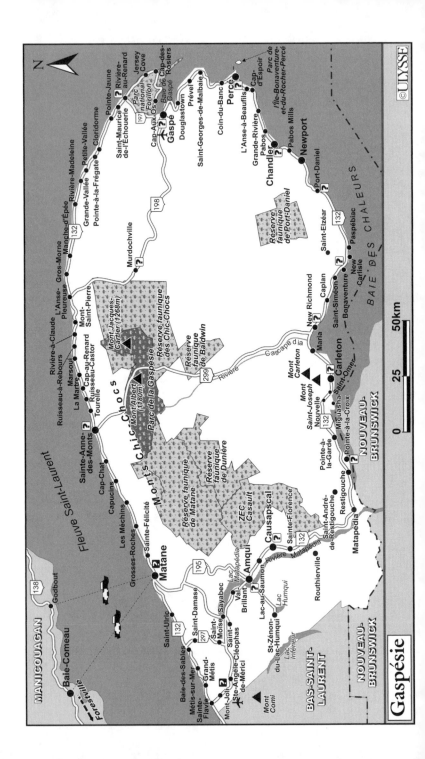

Gaspésie

©ULYSSE

Gaspésie

En 1929, le Service du tourisme du Québec publie «La Gaspésie: histoire, légendes, ressources, beautés» pour souligner l'inauguration de la route qui ceinture la péninsule; c'est le début du tourisme routier au Québec.

La Gaspésie est une destination mythique; elle exerce un pouvoir d'attraction sur plusieurs touristes québécois et autres qui veulent pouvoir dire qu'ils ont fait, au moins une fois dans leur vie, le célèbre «tour de la Gaspésie».

La Gaspésie est éloignée des grands centres urbains du Québec méridional; par conséquent, on passe généralement une ou deux semaines dans cette région, et l'on pratique du tourisme itinérant: quelques jours à Forillon, quelques jours à Percé, quelques jours dans la Baie-des-Chaleurs...

Les paysages sont spectaculaires et variés, et la majorité des établissements de l'infrastructure d'accueil savent en tirer profit. Les villages sont aussi très différents selon qu'ils sont peuplés majoritairement de francophones, de loyalistes, d'Acadiens ou autres, ce qui marque profondément la couleur locale des différents hameaux.

Indicatif régional: 418

LES SÉJOURS 🛏

La Gaspésie compte, dans 50 municipalités, près de 190 établissements d'hôtellerie traditionnelle (hôtels, motels, auberges). La majorité des établissements se retrouvent dans la catégorie des «petits hôtels» (moins de 40 chambres). Il n'y a aucun hôtel de plus de 200 unités. Même si la moitié du parc hôtelier est fermé en dehors de la saison estivale, les touristes en motoneige et autres pourront trouver

suffisamment d'auberges, de motels et de restaurants. Ils pourront aussi admirer le Rocher, emprisonné dans la glace, et faire le tour de la péninsule. Enfin, comme dernière caractéristique, notons que cette région compte de nombreux motels, cabanes et chalets.

À Sainte-Flavie, le Centre d'art Marcel-Gagnon est un endroit particulier; c'est un lieu de création artistique avec auberge et restaurant. Il existe des forfaits pour exercer vos talents d'artiste.

Matane est la deuxième plus grosse ville de la Gaspésie. On y dénombre 11 gros hôtels et motels; plusieurs, dont le Riotel Matane, sont de catégorie supérieure.

Sainte-Anne-des-Monts demeure un important centre de services du littoral nord. Cette ville est situé au carrefour des routes 132 et 299. C'est un endroit stratégique puisque plusieurs touristes qui visitent le parc de la Gaspésie en font leur «camp de base». À l'entrée du parc, il y a le Gîte du Mont-Albert. Plantée au milieu d'un cadre enchanteur, cette auberge constitue un haut lieu de la gastronomie et sans aucun doute l'un des établissements les plus prestigieux de la Gaspésie.

Le parc national Forillon est un lieu très visité. Cependant, l'hébergement y est limité. Il existe des «hôtels-motels» à Cap-des-Rosiers et à Cap-aux-Os. Il y a des chances que vous ayez à vous rabattre sur la ville de Gaspé, qui compte plus de 15 grands hôtels, motels et auberges.

Percé et ses environs s'imposent comme la plus importante destination touristique de la Gaspésie. On y dénombre près de 50 établissements d'hébergement touristiques. L'ensemble est très varié et peut répondre à toutes les bourses et à tous les goûts. Ici, le panorama et le Rocher constituent les principaux attraits, et la plupart des hôtels sont bien situés de manière à pouvoir offrir différents points de vue. L'Hôtel-Motel La Normandie, de catégorie supérieure, est l'un des plus beaux endroits de Percé pour un dîner romantique. Sa salle à manger, qui surplombe la mer, offre un beau panorama sur le Rocher. L'Auberge Fort-Prével est aussi un autre lieu d'hébergement hors de l'ordinaire. Elle loge dans ce qui fut autrefois un fort (construit en 1936) avec canons et batteries. Aujourd'hui, cette luxueuse station de villégiature propose auberge, chalets, courts de tennis, terrain de golf, etc.

C'est dans la Baie-des-Chaleurs que se sont développés les premiers centres de thalassothérapie en Amérique du Nord. À Paspébiac, vous pourrez faire une cure à l'Auberge du Parc. Les villes de Bonaventure et de Carleton sont deux bastions acadiens.

Dès le début du XXe siècle, de riches pêcheurs de saumons se rendaient dans la vallée de la Matapédia. Plusieurs fréquentaient des clubs privés qui étaient situés dans la région de Causapscal. L'Auberge La Coulée Douce rappelle ce passé, et sa table est particulièrement réputée.

LES DÉLICES ✕

Dans cette région maritime, les crustacés, les poissons et les fruits de mer sont évidemment frais et font partie de la cuisine régionale. En général, les plats sont simples, outre, bien sûr, ceux des restaurants de fine cuisine. Le saumon et la morue sont apprêtés de toutes sortes de façons: ils sont pochés, grillés ou servis en «chaudrée». Mais, surtout, il faut tenir compte de l'expérience gastronomique se mariant souvent à un remarquable environnement: auberges en bord de mer, anciens moulins, restaurants entourés de montagnes...

LES ADRESSES

CARLETON

♥ **La Seigneurie** ✕
$$-$$$
482 boulevard Perron
☎364-3355
La Seigneurie, le restaurant de l'Hôtel-Motel Baie Bleue, apprête une grande variété de mets délicieux à base de gibier, de poisson et de fruits de mer. La vue depuis la salle à manger est superbe.

La Maison Monti ✕
$$$-$$$$
840 boulevard Perron
☎364-6181
La Maison Monti est l'ancienne demeure d'Honoré Bernard, dit Monti, un riche prospecteur qui revint s'installer à Carleton après avoir séjourné dans l'ouest du Canada. La salle à manger, agrémentée d'une verrière, est confortable. Le menu est constitué de gibier, de poisson et de fruits de mer. Le service est sympathique, attentionné et empressé.

CAUSAPSCAL

Auberge la Coulée Douce 🛏✕
$$
≡, ℜ
21 rue Boudreau
☎756-5270 ou 888-756-5270
≈756-5271
L'Auberge La Coulée Douce est ouverte toute l'année, de même qu'en hiver selon l'affluence (tout comme sa salle à manger sur réservation). Cette ancienne demeure de curé a été transformée en une sympathique petite auberge familiale au centre de la vallée de la Matapédia, et elle propose des chambres chaleureusement garnies de vieux meubles. Le restaurant de l'Auberge (**$$$**) propose un menu de mets délicieux tels que la bouillabaisse gaspésienne et de nombreux plats à base de saumon frais. Le service est sympathique.

FORT-PRÉVEL

♥ Auberge Fort-Prével ⌂×
$$$
≈, ℜ
mi-juin à mi-sept
2053 boulevard Douglas
St-Georges-de-Malbaie
☎368-2281 ou 888-377-3835
⇄368-1364

Tout comme le Gîte du Mont-Albert, l'Auberge Fort-Prével est administrée par la Société des établissements de plein air du Québec. La batterie de Fort-Prével servit pendant la Deuxième Guerre mondiale; un circuit d'interprétation nous rappelle son rôle. On y trouve 54 chambres et 13 chalets tout équipés. On y a une très belle vue sur la mer. Au restaurant ($$$-$$$$) de l'Auberge Fort-Prével, en plus d'être plongé dans une ambiance historique, on peut savourer une délicieuse cuisine française et québécoise. Dans une vaste salle à manger, vous dégusterez de petits plats apprêtés et présentés avec raffinement. Au menu figurent des plats de poisson et de fruits de mer, bien sûr, mais aussi toutes sortes de spécialités à faire pâlir d'envie tous les gourmets.

GASPÉ

Brise Bise ×
$-$$
135 rue de la Reine
☎368-1456

Le bistrot-bar Brise Bise est probablement le café le plus sympathique de Gaspé. On y sert des saucisses, des fruits de mer, des salades et des sandwichs. Le choix de bières et de cafés est varié; le 5 à 7, agréable; des spectacles y sont présentés tout l'été, et l'on y danse en fin de soirée.

Café des Artistes ×
249 boulevard de Gaspé
☎368-2255

Les propriétaires du Café des Artistes, eux-mêmes artistes il va de soi, proposent un concept tout à fait original et sympa. Dans ce centre d'art aux poutres apparentes, vous pourrez, à votre aise, opter entre autres pour la table d'hôte, pour ensuite aller admirer les œuvres de divers artistes. Les glaces maison (celle à l'avocat plus particulièrement) et les sorbets sont excellents.

MATANE

♥ Riotel Matane ⌂×
$$-$$$
≡, ⊛, ☉, ≈, ℜ, △
250 avenue du Phare Est
☎566-2651 ou 888-427-7374
⇄562-7365
www.riotel.qc.ca

Le Riotel Matane vous charmera au premier coup d'œil. En arrivant sur place, on constate qu'un effort a été porté à la décoration et au confort. L'escalier de bois en colimaçon et les fauteuils en cuir ne sont qu'un aperçu de ce qui vous attend plus loin. En traversant le restaurant et le bar, vous aurez droit à une superbe vue sur le fleuve. Les chambres de l'étage sont parmi les plus récentes. De plus, un court de tennis et un terrain de golf sont mis à la disposition des clients de l'hôtel. Le restaurant du Riotel Matane ($$-$$$) propose un menu de cuisine régionale spécialisée dans les plats de fruits de mer, mais sert aussi de délicieuses grillades d'agneau, de cerf et de volaille. La table d'hôte est composée de trois services avec un choix de 10 plats principaux.

MÉTIS-SUR-MER

Auberge du Grand Fleuve ⌂
$$$ pdj
ℜ
47 rue Principale
☎936-3332
aubergedugrandfleuve.qc.ca

Avec un nom de village aussi original, il fallait s'attendre à y retrouver des établissements témoignant d'une certaine créativité! C'est le cas de l'Auberge du Grand Fleuve, qui se qualifie de «bouquin-couette». Tenue par un couple franco-québécois amoureux des lettres et de l'art de l'accueil, l'Auberge propose le gîte et une fine cuisine dans un environnement largement inspiré de la mer.

New Richmond

Les têtes heureuses ✕
$-$$
104 chemin Cyr
☎392-6733

Ce café-bistro vous charmera tant par son atmosphère que par son menu. Vous y trouverez une foule d'entrées, de crois-sants, de «bagels», de sandwichs chauds, de plats de pâtes, de quiches et de divers mets de riz, tout aussi exquis les uns que les autres. Le pain de ménage et les des-serts maison sont délicieux. On propose un très grand choix de bières importées et de bières de microbrasseries québécoises.

Parc de la Gaspésie

♥ Gîte du Mont-Albert ⊨✕
$$$
ℂ, ℑ, ≈, ℜ, △
☎763-2288 ou 866-727-2427
⇌763-7803

Situé dans le parc de la Gaspésie, le Gîte du Mont-Albert offre un panorama splen-dide. Comme ce gîte est construit en forme de fer à cheval, chaque chambre vous offre, en plus d'un bon confort, une vue imprenable sur les monts Albert et McGerrigle. Au restaurant (**$$$$**) du Gîte du Mont-Albert, il faut absolument vous laisser tenter par les fruits de mer, prépa-rés de façon inventive. Durant le mois de

septembre, on y célèbre le Festival du gibier. Vous aurez alors l'occasion de goûter des viandes aussi peu communes que celles de pintade, de bison et de perdrix.

Paspébiac

♥ Auberge du Parc ⊨
$$$
⊛, ≈, ☺, ℜ, △
début fév à fin nov
68 boulevard Gérard-D.-Lévesque Ouest
☎752-3355 ou 800-463-0890
⇌752-6406
www.aubergeduparc.com

L'Auberge du Parc est installée dans un manoir qui fut érigé par l'entreprise Robin au XIXe siècle, au centre d'un bois, dans un cadre parfait pour la détente. Bains thermomasseurs, enveloppements d'algues, massages thérapeutiques, presso-thérapie ainsi qu'une piscine à l'eau de mer agrémenteront votre séjour.

Percé

♥ Auberge du Gargantua ⊨✕
$$
ℜ
juin à mi-oct
222 route des Failles
☎782-2852
⇌782-5229

Depuis 30 ans qu'elle domine Percé du haut de son promontoire, l'Auberge du Gargantua n'a plus besoin d'introduction pour les habitués de la péninsule gaspé-sienne. Le site et la vue qu'elle offre laisse-ront dans votre mémoire un souvenir impérissable. Le décor des petites cham-bres de motel est simple, mais elles sont confortables. L'Auberge du Gargantua présente un décor qui rappelle la vieille France campagnarde d'où sont issus les propriétaires. De la salle à manger (**$$$$**), on a une vue superbe sur les montagnes environnantes, et il serait sage d'arriver assez tôt pour en bénéficier. Les plats sont tous gargantuesques et savoureux, incluant généralement une entrée de bigorneaux, une assiette de crudités puis un potage. Enfin, le plat principal est choisi à partir d'une longue liste allant du saumon au crabe des neiges, en passant par le gibier.

♥ **Hôtel-Motel La Normandie** ⊨×
$$$
℟
221 route 132
☎782-2337 ou 800-463-0820
⇌782-2337
www.normandieperce.com

L'Hôtel-Motel La Normandie s'est acquis
une excellente réputation à Percé. Cet
établissement de luxe est complet plus
souvent qu'à son tour durant la haute
saison; du restaurant et des chambres,
vous pouvez admirer le célèbre rocher
Percé. Considéré par plusieurs comme
l'une des meilleures tables (**$$$-$$$$; ☎782-
2112**) de Percé, La Normandie propose des
mets savoureux dans un lieu tout à fait
charmant. On dit beaucoup de bien du
feuilleté de homard au champagne et des
pétoncles à l'ail, au miel et aux poireaux.
Un grand choix de vins est proposé.

SAINTE-FLAVIE

Centre d'art Marcel-Gagnon ⊨
$$ pdj
℟
début mai à mi-oct
564 route de la Mer
☎775-2829
⇌775-9548

L'auberge du Centre d'art Marcel-Gagnon,
en bordure de la route 132, propose des
chambres tranquilles qui offrent une vue
sur les 80 statues grandeur nature bai-
gnant dans la mer.

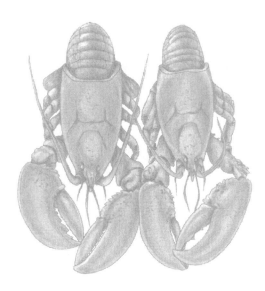

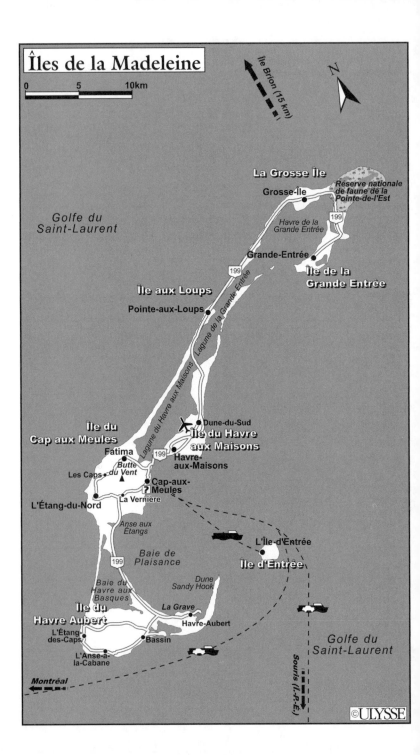

Îles de la Madeleine

0   5   10km

N

Île Brion (15 km)

La Grosse Île

Golfe du
Saint-Laurent

Grosse-Île

Réserve nationale
de faune de la
Pointe-de-l'Est

199

Havre de la
Grande Entrée

Grande-Entrée

Île de la
Grande Entrée

199

Île aux Loups

Pointe-aux-Loups

Lagune de la Grande Entrée

Lagune du Havre aux Maisons

Dune-du-Sud

Île du
Cap aux Meules

Île du Havre
aux Maisons

Fatima

199

Butte
du Vent

Havre-
aux-Maisons

Les Caps

Cap-aux-
Meules

?

L'Étang-du-Nord

La Vernière

Anse aux
Étangs

L'Île-d'Entrée

Baie de
Plaisance

Île d'Entrée

Baie du
Havre aux
Basques

Dune
Sandy Hook

Île du
Havre Aubert

La Grave

L'Étang-
des-Caps

Havre-Aubert

199

Bassin

L'Anse-à-
la-Cabane

Golfe du
Saint-Laurent

Montréal

Souris (Î.-P.-É.)

©ULYSSE

Îles de la Madeleine

Le tourisme de masse est un phénomène récent aux Îles de la Madeleine; c'est seulement depuis 1971 qu'il existe un service de traversier entre l'archipel et l'île du Prince-Édouard.

Bon an mal an, en pleine période de pointe (juillet et août), on dénombre entre 5 000 et 6 000 visiteurs qui y font un séjour d'une durée moyenne de huit jours. Cette destination n'a que 18 établissements d'hôtellerie traditionnelle pour un total de quelque 340 unités d'hébergement! Malgré cela, ne soyez pas inquiet car, contrairement à la majorité des autres régions touristiques du Québec, les Îles abritent plus de résidences de tourisme (chalets, appartements ou maisons) que d'établissements d'hôtellerie traditionnelle (80% contre 20%, c'est tout dire!). Vous pouvez évidemment aussi vous ra-battre sur d'autres types d'héberge-ment tels que les «cafés-couette», les terrains de camping, etc.

À moins que vous ne voyagiez de manière autonome (avec roulotte ou en autocaravane), il est primordial que vous fassiez des réservations (même un an à l'avance!). Deux en-treprises offrent des services de ré-servation d'hébergement: l'**Association touristique régionale** (☎986-2245) ainsi que l'**Agence Toît et Moi** (☎937-2838).

Les insulaires sont, noblesse oblige, des gens généralement débrouillards, et il n'y a pas de problème qui n'ait pas de solution. Par exemple, il arrive que l'association touristique régionale, en période de pointe, fasse passer des messages à la radio pour demander aux résidants s'ils n'auraient pas de la place pour accueillir des touristes! Ça peut être une chambre, une tente, une roulotte, un motori-sé, et quoi encore!

Les touristes sont ici en contact avec une culture originale et différente: la plupart des Madelinots sont d'origine acadienne, et les gens y ont long-temps vécu en vase clos. Vous pour-rez constater comment les insulaires pratiquent bien l'art de l'hospitalité.

Indicatif régional: 418

LES SÉJOURS 🛏

Les trois plus grands hôtels de l'archipel sont situés dans l'île de Cap aux Meules. Avec ses quelque 120 unités d'héberge-ment, l'Hôtel-Château Madelinot est le plus vaste complexe d'hébergement. Il y a sur place de nombreux services, entre autres des visites guidées, une navette entre l'aéroport et le traversier, un centre de conditionnement physique. Notez aussi que l'hôtel propose différents forfaits dont un qui vous amène, au mois de mars, sur la banquise pour voir des «blanchons» (bébés phoques).

Quinze autres petits hôtels et auberges sont dispersés çà et là sur le territoire madelinien. Ce sont généralement des établissements installés dans de belles résidences traditionnelles, décorées de riches couleurs vives.

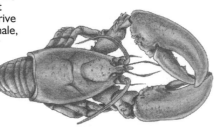

LES DÉLICES ✕

Qui dit «Îles de la Madeleine» dit évidemment «homard». Durant la saison du homard, qui s'étend de la mi-juin à la mi-juillet, on en trouve dans presque tous les restaurants. Le poisson, le crabe, les coques, les moules, bref, tous les produits de la mer sont, il va sans dire, frais, puisque pêchés le jour même. On vous suggère de demander le poisson frais au menu du jour pour manger ce qu'il y a de mieux.

Comme spécialités de la cuisine locale, on note les soupes de poisson; le «pot-en-pot», une préparation de fruits de mer ou de poisson et de pommes de terre en croûte; la chair de phoque, une viande tendre avec un petit goût de mer; les croquignoles, des pâtisseries cuites en pleine friture dans de l'huile de «loup marin» (phoque).

La restauration aux Îles se caractérise par un important choix de tables et de types de cuisines. On pratique de la cuisine traditionnelle, de la nouvelle cuisine, de la cuisine française, italienne, etc.

La Table des Roy, située à L'Étang-du-Nord, est un haut lieu gastronomique. Cet établissement fait partie des Tables régionales de l'Est du Québec. Il propose une fine cuisine et une bonne carte des vins.

LES ADRESSES

FATIMA

♥ La Maison du Cap-Vert ⊨
$$ pdj
bc
202 chemin L.-Aucoin
☎986-5331

L'auberge familiale La Maison du Cap-Vert vous propose cinq chambres tout à fait charmantes, dotées de lits douillets, dans une ambiance marine. Cette auberge a vite su se tailler une place très enviable parmi les auberges des Îles. Avec le délicieux petit déjeuner servi à volonté tous les matins, cet établissement ouvert toute l'année représente sans contredit une valeur sûre.

Hôtel-Château Madelinot ⊨
$$$
⊛, ℂ, ≈, ℝ, ℜ, △, ⊘
323 route 199
☎986-3695 ou 800-661-4537
⇒986-6437

Vous serez peut-être d'abord surpris d'apercevoir cette grosse maison qui tient lieu d'Hôtel-Château Madelinot. Mais le confort des chambres et la vue superbe sur la mer tendent à faire oublier cette première image. Offrant une foule de services, l'Hôtel-Château Madelinot est sans conteste le plus connu des lieux d'hébergement des Îles.

HAVRE-AUBERT

♥ La Marée Haute ⊨✕
$$-$$$ pdj
ℑ, ℜ, bc/bp
25 chemin des Fumoirs
☎/⇒937-2492

Près de La Grave se trouve La Marée Haute, une jolie petite auberge dans laquelle vous recevrez un accueil des plus chaleureux. Les chambres sont douillettes et offrent un beau décor. La vue depuis l'auberge est belle à ravir! Au restaurant de La Marée Haute ($$$$), le chef et copropriétaire sait apprêter les poissons et fruits de mer de la meilleure des façons. Dans cette jolie auberge, vous pourrez goûter au «loup marin», au requin ou encore au maquereau en vous laissant envoûter par les saveurs de la mer divinement relevées. On trouve aussi au menu quelques plats de viande aussi bien préparés et de succulents desserts.

♥ Auberge Havre sur Mer ⊨
$$-$$$ pdj
⊛
mai à oct
1197 chemin du Bassin
☎937-5675
⇒937-2540
www.demarque.qc.ca/havre

L'Auberge Havre sur Mer, au bord d'une falaise, bénéficie d'un site magnifique, et les chambres, donnant sur une terrasse commune d'où chacun peut profiter d'une belle vue, attirent bon nombre de visiteurs amoureux des Îles. L'endroit est garni de beaux meubles anciens.

♥ Café de La Grave ✕
$$
début mai à début oct 8h30 à 3h
☎937-5765

Avec son joli décor d'ancien magasin gé-néral, le Café de La Grave offre une at-mosphère des plus sympathiques, et l'on y passe des heures à discuter pendant les jours de mauvais temps. Outre les muf-fins, les croissants et la sélection de cafés, le menu propose des plats santé, parfois inusités, tel ce pâté de «loup marin», qui sont toujours bons. L'endroit, chaleureux à souhait, vous laissera un souvenir impé-rissable.

La Saline ✕
$$-$$$
1009 route 199
☎937-2230

Ancien hangar à salaison de La Grave, La Saline propose une fine cuisine régionale. On y a une superbe vue sur la mer. «Loup marin», morue, moules, crevet-tes... tous ces noms aux consonances océaniques égaient son menu.

HAVRE-AUX-MAISONS
Auberge de la Petite Baie ⊨
$$ pdj
ℜ
187 route 199
☎969-4073
⇌969-4900

Rendez-vous à l'Auberge de la Petite Baie, qui offre une atmosphère chaude, où le comptoir de poste vous raconte encore ses souvenirs et où la table, ornée de vaisselle anglaise, vous ravit les papilles à coup de «loup marin» et de «pot-en-pot» des Îles. Réjeanne Langford vous accueille avec soin et avec fierté. Quatre chambres.

ÎLE DU HAVRE AUX MAISONS
♥ La P'tite baie ✕
$$$$
mar-dim
187 route 199
☎969-4073

La P'tite baie sert des mets bien apprêtés tels que grillades, fruits de mer et pois-sons. Certains plats de bœuf, de porc et de poulet figurent également au menu. En saison, on cuisine du «loup marin». En plus du menu à la carte, on trouve une table qui propose un choix de deux plats princi-paux. Le service est courtois; le décor, très soigné.

L'ÉTANG-DU-NORD
♥ Auberge chez Sam ⊨
$$ pdj
bc/bp
1767 chemin de l'Étang-du-Nord
☎986-5780

En entrant dans la jolie maison de bois de l'Auberge chez Sam, on est tout de suite frappé par la gentillesse de l'accueil. On est ensuite ravi de découvrir les chambres, cinq au total, toutes mignonnes et bien tenues, et l'on se sent vite à l'aise.

La Table des Roy ✕
$$$$
fin mai à mi-sept dès 17h30, fermé dim
1188 chemin La Vernière
☎986-3004

Depuis 1978, le restaurant La Table des Roy propose une cuisine raffinée qui ne cesse de combler les papilles gustatives des visiteurs. Bien sûr, les fruits de mer, apprêtés de multiples façons, telle cette grillade de pétoncles et de homard sauce coralline, font bonne figure sur ce menu des plus alléchants où l'on propose aussi des plats agrémentés de fleurs et de plan-tes comestibles des Îles. La salle à manger, tout à fait charmante, confère un cachet particulier à l'établissement.

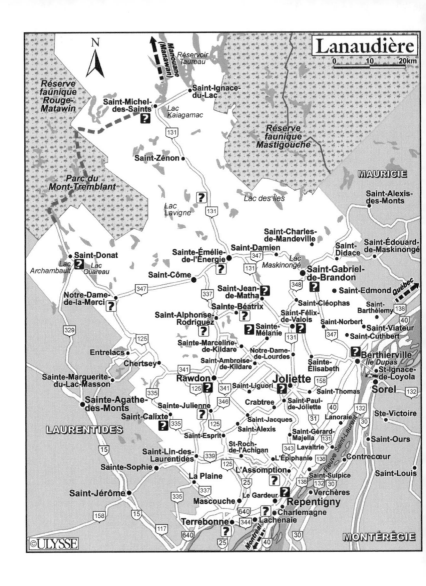

Lanaudière

0   10   20km

Réserve
faunique
Rouge-
Matawin

Manouane (Matawan)

Réservoir
Taureau

Saint-Ignace-
du-Lac

Saint-Michel-
des-Saints [?]

Lac
Kaiagamac

Réserve
faunique
Mastigouche

131

Saint-Zénon •

Parc du
Mont-Tremblant

MAURICIE

Lac des Îles

Saint-Alexis-
des-Monts •

[?]

Lac
Lavigne

131

Saint-Charles-
de-Mandeville •

Saint-Édouard-
de-Maskinongé •

Saint-Donat •

Sainte-Émélie-
de-l'Énergie [?]

Saint-Damien •

Saint-
Didace •

Lac
Archambault

[?]

Lac
Ouareau

347

131

Lac
Maskinongé

Québec

Saint-Côme •

Notre-Dame-
de-la-Merci [?]

347

337

Saint-Jean-
de-Matha [?]

Sainte-Béatrix •

Saint-Gabriel-
de-Brandon [?]

348

• Saint-Edmond

Saint-Cléophas •

Saint-
Barthélemy • 138

329

125

Saint-Alphonse-
Rodriguez •

[?]

Sainte-Marceline-
de-Kildare

Sainte-
Mélanie [?]

Saint-Félix-
de-Valois •

131

Saint-Norbert •

Saint-Viateur •
Saint-Cuthbert •

40

347

Entrelacs •

Chertsey •

341

Saint-Ambroise-
de-Kildare

Rawdon •

125

341

Notre-Dame-
de-Lourdes •

Saint-Liguori •

Sainte-
Élisabeth •

Joliette [?]

158

Berthierville [?]
Île Dupas

St-Ignace-
de-Loyola

Sorel 132

Sainte-Marguerite-
du-Lac-Masson •

335

Sainte-Agathe-
des-Monts •

Sainte-Julienne •

346

[?]

Crabtree •

Saint-Paul-
de-Joliette •

Saint-Thomas •

Lanoraie •

40

132

Ste-Victoire •

Saint-Calixte •
[?] 335

125

Saint-Jacques •

Saint-Alexis •

31

Saint-Gérard-
Majella •

30

• Saint-Ours

15

Saint-Esprit •

St-Roch-
de-l'Achigan •

131

343

Lavaltrie •

Saint-Lin-des-
Laurentides •

339

125

L'Épiphanie •

138

• Contrecœur

LAURENTIDES

Sainte-Sophie •

La Plaine •

L'Assomption •

25

[?]

Saint-Louis •

Saint-Jérôme •

158

15

337

335

Mascouche •

Le Gardeur •

Saint-Sulpice •

Verchères •

138 132 30

Repentigny [?]
• Charlemagne

Terrebonne •
[?]

640

344

Lachenaie •

117

640

25

Montréal

40

30

MONTÉRÉGIE

©ULYSSE

Lanaudière

La région touristique de Lanaudière est située aux portes de la métropole québécoise.

Elle occupe, en une bande étroite, la rive nord du fleuve Saint-Laurent et s'étire jusqu'aux territoires de forêts des Laurentides. C'est une région de contrastes, peu altérée et peu peuplée, où se succèdent villages et paysages bucoliques. Au point de vue du tourisme, Lanaudière est surtout réputée pour la villégiature. Elle est également reconnue comme un rendez-vous de motoneigistes et une destination très populaire auprès des touristes européens.

Sauf indication contraire, l'indicatif régional de Lanaudière est le 450.

LES SÉJOURS 🛏

Le parc hôtelier de Lanaudière se compose surtout d'hôtels et d'auberges de petite capacité. On trouve, parmi ces établissements, quelques hôtels et auberges de grande renommée. Les villes de Saint-Donat et de Saint-Michel-des-Saints sont celles où l'on dénombre la plus forte concentration d'hôtels et d'auberges. La première est située aux portes du parc du Mont-Tremblant, tandis que la seconde est localisée près du réservoir Taureau, dans un vaste territoire sauvage apprécié des chasseurs, des motoneigistes et des amateurs de plein air.

La partie méridionale de Lanaudière fut l'une des premières zones de colonisation de la Nouvelle-France. Le chemin du Roy, la plus vieille route carrossable du Québec, la traverse d'est en ouest. Les hôtels, motels et auberges se dressent, pour la plupart, dans des villages ancestraux situés au bord du fleuve Saint-Laurent.

La partie centrale de Lanaudière, avec ses nombreux lacs, attire surtout les amateurs d'activités nautiques de même que les adeptes de la villégiature. Les destinations les plus populaires sont dotées d'équipements d'accueil pouvant répondre aux besoins des touristes les plus exigeants. L'Auberge de la Montagne Coupée se présente comme un important centre de séjour. Juchée sur une falaise, elle domine les plaines environnantes. On peut s'adonner ici à une foule d'activités de plein air: équitation, traîneau à chiens, vélo de montagne, etc.

La partie septentrionale de Lanaudière constitue un territoire de lacs, de forêts et de montagnes. Elle est très fréquentée par les touristes européens puisque c'est l'une des régions près de Montréal qui offre encore le plus d'espaces vierges. L'Auberge Nouvel-Air Matawinie est un endroit qui bénéficie d'une bonne réputation. Ce centre de séjour moderne offre un bel environnement. Sur place, de nombreux équipements de plein air, une équipe d'animation et un spa sont proposés. Enfin, il est possible de s'offrir dans Lanaudière des séjours dans la nature fort originaux. Par exemple, plusieurs auberges se dressent au bord de grands plans d'eau auxquels on peut avoir accès en hydravion.

LES DÉLICES ✕

La majorité des relais de gastronomie régionale sont situés à même les auberges de catégorie supérieure. La production agricole de Lanaudière est florissante et diversifiée. Les terres grasses produisent de nombreux fruits et légumes; elles comptent d'ailleurs parmi les meilleures terres maraîchères du Québec. Les chefs cuisiniers ont, à portée de la main, une vaste gamme de produits frais et savent en tirer profit pour préparer des plats succulents.

Située tout près de Montréal, la ville de Terrebonne vaut le déplacement; son quartier ancien est l'un des meilleurs endroits au Québec où l'on peut voir ce qu'était une seigneurie prospère francophone au XIXe siècle. Le vieux quartier et

son île vous plongent dans une autre époque... Ainsi, il est agréable de s'y rendre pour passer une agréable journée et couronner le tout, en soirée, par un bon repas. Entre autres restaurants, deux bonnes tables où vous pourrez vous régaler ont pour nom Le Folichon et L'Étang des Moulins: leur décor, leur environnement et leur menu sont exceptionnels. Elles vous transportent ailleurs même si vous n'êtes qu'à quelques kilomètres de Montréal!

Joliette et sa région abritent aussi d'excellentes tables. Par exemple, l'Auberge sur la Falaise, à Saint-Alphonse-Rodriguez, sert une cuisine française ou évolutive.

LES ADRESSES

JOLIETTE

L'Antre Jean ✕
$$$
mer-sam soir, lun-ven jour
385 boulevard St-Viateur
☎756-0412

Au nombre des bonnes tables, L'Antre Jean semble faire l'unanimité au sein de la population locale. On y sert une cuisine française qui ne dépare certainement pas le genre, à partir d'un menu basé sur des tables d'hôte variées. Le décor est chaleureux; l'ambiance, pas trop guindée.

SAINT-ALPHONSE-RODRIGUEZ

♥ Auberge sur la Falaise ⊨✕
$$$-$$$$ pdj
≡, ⊛, ☉, ℑ, ≈, ✪, ℜ, △
324 avenue du Lac Long Sud
☎883-2269 ou 888-325-2473
⇄883-0143
www.aubergefalaise.com

À 10 km du village de Saint-Alphonse-Rodriguez, on découvre enfin la merveilleuse Auberge sur la Falaise après avoir emprunté une longue montée, pénétré dans un univers de tranquillité et passé devant le paisible lac Long. L'Auberge, perchée sur un promontoire, domine ce paysage empreint de sérénité, réservant du même coup une vue exceptionnelle à ses invités. Dans ce bâtiment moderne, on trouve 26 chambres de grand luxe, certaines étant même équipées d'une baignoire à remous et d'un foyer. L'hôtel se double d'un spa et offre la possibilité de pratiquer de nombreux sports. À l'extraordinaire Auberge sur la Falaise, c'est dans un cadre d'une rare tranquillité que vous prendrez votre repas (**$$$$**). Perdu en pleine forêt et surplombant un beau lac paisible, cet établissement constitue une fameuse retraite pour quiconque cherche à fuir, ne serait-ce que le temps d'un dîner, le rythme trépidant de la vie moderne. Avec beaucoup d'habileté, le chef adapte ici la gastronomie française à la sauce québécoise. Pour les gourmets, le menu gastronomique de cinq services est un choix éclairé et a toutes les chances de devenir une expérience mémorable.

SAINT-DONAT

Auberge Havre du Parc ⊨
$$
⊛, ℂ, ℑ, ℜ
2788 route 125 Nord
☎(819) 424-7686
⇄(819) 424-3432
www.havreduparc.qc.ca

Située à près de 10 km au nord du village, l'Auberge Havre du Parc est une oasis de tranquillité. Le site magnifique, sur les pourtours du lac Provost, et le confort offert permettent de s'évader doucement et paisiblement du quotidien. À 5 min des sentiers de ski de fond du mont Tremblant.

SAINT-JEAN-DE-MATHA
♥ Auberge de la Montagne Coupée ⊨×
$$$$$
≡, ◉, ☉, ℑ, ≈, ✿, ℜ, △
1000 chemin de la Montagne-Coupée
☎886-3891 ou 800-363-8614
⇌886-5401
www.montagnecoupee.com

Établissement exceptionnel, l'Auberge de la Montagne Coupée ne se laisse repérer qu'après une montée qui semble interminable. L'excursion en vaut toutefois le coup, ce qui est immédiatement évident lorsque apparaît enfin ce bâtiment tout blanc doté d'immenses baies vitrées. L'établissement compte une cinquantaine de chambres confortables au décor moderne, baigné de lumière naturelle. Certaines sont munies d'un foyer. Depuis le salon et la salle à manger, les grandes fenêtres dévoilent un panorama saisissant. Centre équestre et théâtre d'été au bas du domaine. L'Auberge propose un étonnant menu (**$$$$**) de cuisine évolutive québécoise. Grâce à de hautes baies vitrées, la salle à manger, située au rez-de-chaussée, offre aux convives une vue à couper le souffle sur la nature environnante. Et ce n'est là qu'une entrée en matière, le meilleur (le repas!) restant encore à venir. Aux plats de gibier présentés avec une rare imagination s'ajoutent quelques succulentes trouvailles. Service des plus attentionnés. Belle carte des vins. Petits déjeuners très copieux.

SAINT-MICHEL-DES-SAINTS
Auberge Nouvel-Air Matawinie ⊨
$$ pc
≡, ≈, ✿, ℜ, △
1260 chemin Nouvel-Air
☎833-6371, 361-9629 ou 800-361-9629
⇌833-6061
www.matawinie.com

Les étranges pavillons gris-bleu de l'Auberge Matawinie s'étendent aux abords du lac à la Truite, en pleine nature. Il s'agit en fait d'un ancien camp de vacances des frères des Écoles chrétiennes transformé en base de plein air puis en auberge. On retrouve 79 chambres réparties dans des pavillons ou aménagées à l'intérieur de petits chalets. Toutes les chambres offrent un haut niveau de confort. Le prix d'un séjour au centre comprend trois repas par jour et l'accès à une foule d'activités de plein air (canot, voile, tennis, randonnée pédestre, ski de fond, etc.).

Auberge du Lac Taureau ⊨
$$$$$
ℑ, ≈, ✿, ℜ, △
1200 chemin Baie du Milieu
☎833-1919 ou 877-822-2623
⇌833-1870
www.auberge-lactaureau.com

Au Québec, depuis peu, on constate l'apparition, en plein cœur de la forêt, de beaux hôtels de luxe. L'Auberge du Lac Taureau fait partie de ces établissements que l'on visite pour profiter de la nature et se faire traiter aux petits oignons. De magnifiques bâtiments en bois ont été érigés au bord du grand lac et ont reçu une fenestration généreuse qui permet aux hôtes de jouir en toute saison des beautés environnantes. Trois édifices principaux regroupent une centaine de chambres confortables. On trouve, bien sûr, sur le site, une myriade d'activités de plein air quatre-saisons ainsi qu'un restaurant de fine cuisine.

TERREBONNE
♥ L'Étang des Moulins ×
$$$
dès 17h, fermé lun-mar
888 rue St-Louis
☎471-4018

L'Étang des Moulins occupe une superbe maison de pierre qui domine l'arrondissement historique. Une première salle, à l'entrée, baigne dans une ambiance chaleureuse et romantique. On y remarque un petit bar sur la gauche et un bel escalier menant à l'étage. À l'arrière, une seconde pièce possède de grandes fenêtres offrant une splendide vue sur l'île des Moulins. Cette seconde partie de l'établissement donne aussi accès à une terrasse protégée par une jolie verrière. Le raffinement de l'endroit se remarque jusque sur les tables, élégamment nappées de dentelle, et c'est bercé de chansons françaises que l'on y savoure son repas. Le service s'avère quant à lui discret et attentionné. Sur le menu, on a tôt fait de remarquer des mets français que l'on croyait connaître et qu'on réussit ici à réinventer. Les gourmets n'hésiteront pas quant à eux à délier les cordons de leur bourse et ainsi succomber aux charmes du «menu inspiration» à sept services. À n'en point douter, l'une des meilleures tables de Lanaudière.

♥ Le Folichon ✕
$$$-$$$$
fermé lun
804 rue St-François-Xavier
☎492-1863

L'arrondissement historique de Terrebonne, avec son parc, ses jolies boutiques et ses belles demeures, constitue un lieu de promenade fort apprécié. D'aucuns en profiteront d'ailleurs pour couronner une aussi agréable excursion par une halte à l'une de ses nombreuses bonnes tables. À cet égard, Le Folichon ne déçoit pas. Aménagé dans une sympathique maison en bois d'un étage, ce restaurant arrive, grâce à son atmosphère chaleureuse, à faire oublier les plus froides journées d'hiver. En été toutefois, plusieurs opteront plutôt pour sa terrasse ombragée. La table d'hôte, composée de cinq services, laisse habituellement un bon souvenir. On y remarquera tout particulièrement le feuilleté d'escargots à la tombée de tomate et de poireau, le magret de canard sauce aux framboises et le contre-filet de chevreuil sauce miel et thym. Qui plus est, la carte des vins impressionne par sa variété.

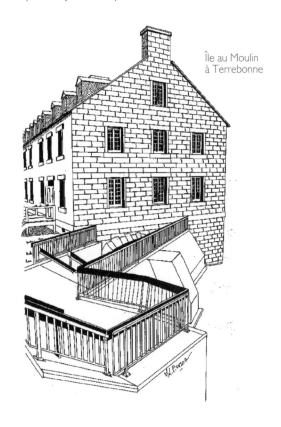

Île au Moulin
à Terrebonne

Laurentides

Un vaste mouvement de colonisation du «Nord» a été amorcé au cours des années 1880 dans le but d'enrayer l'exode massif de Canadiens français vers les États-Unis.

Cette vaste campagne de colonisation avait comme chef de file le célèbre curé Labelle, qui fut entre autres l'un des initiateurs de la construction du chemin de fer qui allait servir d'axe au développement des Laurentides.

Malheureusement, dès les débuts de ce peuplement, les colons se rendirent vite compte que les terres des Laurentides n'étaient pas des plus productives. On se tourna donc vers une économie de subsistance centrée sur les activités agroforestières.

L'environnement naturel des «Pays d'en Haut» est toutefois exceptionnel à d'autres égards: c'est en fait un vaste labyrinthe de collines, de vallées et de lacs, bref tout ce qu'il faut pour s'adonner à des activités de plein air.

Curieusement, c'est à quelques riches visionnaires américains que l'on doit le développement des Laurentides en une grande région de villégiature de calibre international. On peut même dire, sans risquer de se tromper que, depuis les années 1990, cette région détient le titre de la plus dynamique région de villégiature au Canada. Plusieurs facteurs concourent à ce succès. Au début, au cours des années 1930, on a construit des centres de villégiature autour de Saint-Sauveur et de la région du mont Tremblant. Il y avait aussi la proximité de Montréal, avec son important bassin de population et un moyen de transport utile: les trains du Canadien Pacifique et du Canadien National qui déversaient, chaque fin de semaine, un important cortège de skieurs s'y rendant pour pratiquer leur sport favori.

Mais on doit le véritable essor au développement des Laurentides, comme destination de villégiature, à quatre innovations d'envergure: la construction du Gray Rocks Inn, l'inauguration du ski sportif en Amérique avec l'installation dans les années 1930 du premier remonte-pente mécanique, l'ouverture de la Maple Leaf, premier long sentier de ski de fond, et enfin l'implantation de la station de ski Mont-Tremblant.

Mais ce n'est pas tout; il s'est réalisé au cours des dernières années, un méga-projet de développement touristique, le plus important au Canada. La compagnie Intrawest y a construit un vaste complexe récréatif, soit la plus importante station en montagne dans l'est de l'Amérique.

LES SÉJOURS 🛏

La «Petite Suisse», la plus importante région de villégiature au Québec, s'est acquis une réputation internationale. L'industrie hôtelière y est donc bien implantée et de la plus haute qualité, que ce soit pour l'hébergement ou la restauration.

On peut résumer le développement touristique des Laurentides en trois périodes distinctes: la première, au cours des années 1930, c'est l'implantation des premiers grands centres de villégiature et stations de ski; la deuxième, au cours des années 1970 et 1980, c'est la période de «rajeunissement» des équipement existants; la troisième, c'est la construction de condominiums et de chalets autour de Saint-Sauveur-des-Monts et, évidemment,

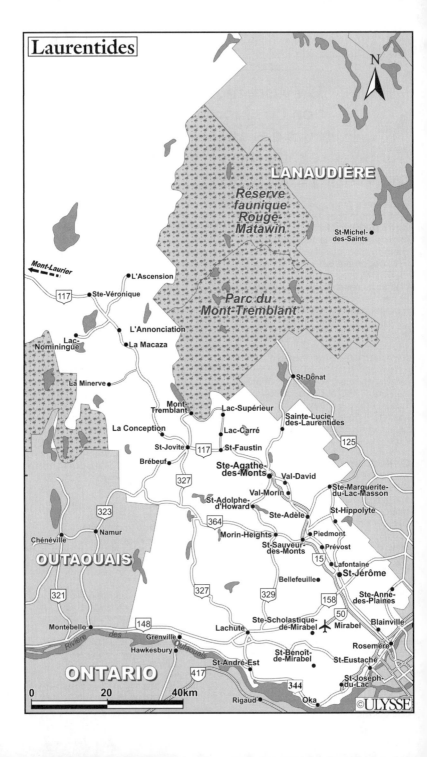

Laurentides

LANAUDIÈRE

Réserve faunique Rouge-Matawin

St-Michel-des-Saints

Mont-Laurier

117 Ste-Véronique

L'Ascension

Parc du Mont-Tremblant

L'Annonciation

Lac-Nominingue

La Macaza

La Minerve

St-Donat

Mont-Tremblant

Lac-Supérieur

Sainte-Lucie-des-Laurentides

La Conception

Lac-Carré

St-Jovite 117 St-Faustin

125

Brébeuf

Ste-Agathe-des-Monts

327

Val-David

Ste-Marguerite-du-Lac-Masson

St-Adolphe-d'Howard

Val-Morin

323

Ste-Adèle

St-Hippolyte

Namur

364

Chénéville

Morin-Heights

Piedmont

OUTAOUAIS

St-Sauveur-des-Monts

Prévost

15

Lafontaine

Bellefeuille

St-Jérôme

321

327

329

158

Ste-Anne-des-Plaines

Montebello

148

Lachute

Ste-Scholastique-de-Mirabel

50

Mirabel

Blainville

Rivière des

Grenville

Outaouais

Hawkesbury

St-André-Est

St-Benoît-de-Mirabel

Rosemère

St-Eustache

ONTARIO

417

344

St-Joseph-du-Lac

0   20   40km

Rigaud

Oka

©ULYSSE

les différents projets autour du mont Tremblant.

Aujourd'hui, les Laurentides disposent de plus de 200 établissements hôteliers répartis dans une cinquantaine de municipalités. Les endroits qui regroupent le plus d'établissements sont Mont-Tremblant, Sainte-Adèle, Sainte-Agathe-des-Monts et Val-David.

En ce qui concerne les services et installations que l'on retrouve dans la plupart des établissements, notons que la concurrence oblige les hôteliers à innover et à être créatifs. Par conséquent, on y propose une large gamme de forfaits: remise en forme, motoneige, traîneau à chiens et plus encore.

DES ÉTABLISSEMENTS QUI SE DISTINGUENT

Nous devons faire une mise en garde au lecteur: il est impossible ici de rendre justice à tous ces excellents établissements d'hôtellerie et de restauration des Laurentides. Le but, dans ces quelques lignes, est de donner le ton, d'essayer de montrer au lecteur ce qui rend si particulier l'infrastructure hôtelière des Laurentides.

Évidemment, il y a des établissements incontournables; en voici quelques exemples. L'Hôtel du Lac Carling est un haut lieu de l'hôtellerie québécoise; cet hôtel de villégiature est classé cinq étoiles. Sa cuisine s'avère remarquable, et ses équipements sont nombreux et haut de gamme. L'Hôtel La Sapinière n'a pas une architecture digne de ce nom, mais on s'y rend plutôt pour la bonne réputation de sa table et de son imposante cave à vins. L'Estérel occupe un vaste territoire de plus de 2 000 ha de forêts, de lacs et de montagnes. Le Chanteclerc, un important complexe de villégiature, prit son essor au cours des années 1940. Faut-il rappeler ici que plusieurs restaurateurs et aubergistes des «Pays d'en Haut» sont d'origine européenne (Français, Belges, Suisses...) et ont été séduits par cette région.

Puis il y a la Station Mont-Tremblant. Le visiteur ne peut rester indifférent face à ce vaste complexe récréotouristique. En fait, ce projet demeure sans pareil au Québec. En arrivant au vieux village de Mont-

Tremblant, on voit, au loin, le village touristique nouvellement aménagé. Les concepteurs du projet ont voulu développer un concept unique, un centre où les équipements s'harmonisent en se complétant. Le coup d'œil est impressionnant quelle que soit la saison. Le cœur de la Station se compose d'un regroupement d'habitations qui évoque un ancien village du Québec. Les bâtiments sont serrés les uns contre les autres, les rues étroites, le tout habillé de couleurs vives ou pastel (blanc éclatant, rouge pompier, bleu acier, saumon, vieux rose...). On a aménagé, au pied des pentes, une place ouverte. Bref, on se croirait dans certaines rues étroites du Vieux-Québec où l'on ressent une certaine intimité. Toutefois, certains peuvent trouver que le tout fait un peu «Disneyworld». À chacun ses goûts!

On fait tout pour retenir les touristes pour une semaine ou plus, et cela, durant les quatre saisons. En effet, on trouve de tout sur le site: restaurants, boutiques, cinéma, équipements de remise en forme, spa, piscines, terrains de golf de calibre international. En été, des concerts de musique ont lieu au sommet de la montagne, sans oublier les pistes pour le patin à roues alignées, pour ne nommer que quelques activités. En matière d'hébergement, le choix est vaste, allant des grands hôtels à des formules d'hébergement plus économiques.

Outre la Station Mont-Tremblant, nous devons mentionner une autre innovation en matière d'aménagement touristique: le parc linéaire Le P'tit Train du Nord. Il s'agit d'une piste cyclable de 200 km reliant Saint-Jérôme et Mont-Laurier, et occupant l'ancienne emprise de la voie ferrée du P'tit Train du Nord. Pas besoin d'être un expert cycliste, car les pentes sont des plus douces (forcément!). Vous pouvez donc y faire du cyclotourisme original et facile... En effet, la majorité des anciens villages des «Pays d'en Haut» se sont développés de part et d'autre de la voie ferrée, les auberges et les restaurants n'étant qu'à quelques coups de pédales de la piste!

LES DÉLICES ✕

Vu leur riche tradition d'hospitalité reconnue internationalement, il va sans dire que les Laurentides sont bien nanties en lieux gastronomiques. On concocte, entre autres, une cuisine française et de la nouvelle cuisine. Certains restaurants détiennent l'accréditation «Cuisine Régionale».

Évidemment, on trouve généralement de très bons restaurants dans la plupart des grands centres de villégiature. L'Hôtel La Sapinière vaut vraiment le déplacement, car cet établissement a toujours su cultiver l'art du beau et du bon manger. Imaginez une cave à vins où dorment quelque 25 000 bouteilles!

Enfin, l'hôtel-restaurant L'Eau à la Bouche de Sainte-Adèle fait partie de la célèbre association des Relais & Châteaux. Son restaurant a d'ailleurs été couronné de nombreux prix prestigieux. Il fut consacré en 1998, par «Gourmet Magazine», America's Top Tables Award, au premier rang de tous les restaurants du Québec.

LES ADRESSES

ESTÉREL

L'Estérel 🛏
$$$$$
≡, ☉, ≈, ℜ, ⌂, ✪
39 boulevard Fridolin-Simard
☎(450) 228-2571 ou 888-378-3735
⇌228-4977
www.esterel.com
Le vaste complexe de l'hôtel l'Estérel, agréablement établi au bord du lac Masson, offre l'occasion de s'adonner à bon nombre d'activités nautiques ainsi qu'à des sports aussi divers que le tennis, le golf et le ski de fond. L'accent est surtout mis sur les activités. Les chambres auraient grandement besoin d'un changement de style. Les couloirs sombres, aux murs de blocs de cendre, donnent à l'endroit un aspect sévère malgré l'effort qu'on a fait pour les égayer. Côté positif: ceux qui veulent une vue sur le lac seront ravis par les chambres avec panorama, dont les balcons surplombent littéralement le lac… Vous pourrez presque vous y tremper les pieds!

LAC-SUPÉRIEUR

Chez Nor-Lou 🛏
$$ pdj
ℂ, ℑ
début mai à fin nov
803 chemin du Lac à L'Équerre
☎(819) 688-3128
Un gîte touristique est à signaler au Lac-Supérieur: Chez Nor-Lou. Dans cette belle maison posée sur un domaine où serpente une jolie rivière, trois chambres sont offertes en location. Tranquillité et accueil chaleureux assurés.

♥ Auberge Caribou ✕
$$$-$$$$$
141 Tour du Lac
☎(819) 688-5201 ou 877-688-5201
Abandonnez tous les doutes que vous avez au sujet des salles à manger d'hôtels. À l'Auberge Caribou, Suzanne Boulianne, chef cuisinier, est toujours souriante (même lorsqu'elle doit servir elle-même ses convives) et vous offrira probablement l'un des meilleurs repas de votre voyage. La salle à manger est confortable et sans prétention, décorée de boiseries, de nappes blanches, de fleurs fraîches et d'œuvres d'art régionales, et offre une belle vue sur le lac (surtout au coucher du soleil). Mᵐᵉ Boulianne mise sur les produits québécois, et tout ce qu'elle sert (le pot de fleurs rempli de petits pains, la salade mesclun préparée à partir des légumes de son jardin et la généreuse portion de caribou accompagné de baies de Saskatoon ou d'autres mets inspirés), atteste de son enthousiasme et de son talent. Tous les soirs, le menu comprend de trois à cinq amuse-gueules et plats principaux (le caribou demeure toujours de la partie – $$$$). La carte des vins est très convenable, et le verre à quelques dollars est délicieux. Il est conseillé de réserver à l'avance.

PINE HILL

♥ Hôtel du Lac Carling 🛏✕
$$$$/pers. ½p
♿, ≡, ⊛, ☉, ≈, ℜ, ⌂, ℑ, ✪, 🐾
2255 route 327 Nord
☎(450) 533-9211 ou 800-661-9211
⇌(450) 533-4495
www.laccarling.com
Au nord-ouest de Lachute se cache un hôtel remarquable mais peu connu: l'Hôtel du Lac Carling. Aménagé au bord

d'un lac, dans un longiligne bâtiment de pierre taillée et de bois clair percé de hautes fenêtres, cet établissement de luxe a vraiment fière allure. À l'intérieur, c'est un décor somptueux rehaussé de nombreuses œuvres d'art et antiquités qui vous attend. Les immenses chambres sont pour leur part baignées de lumière naturelle. Certaines sont pourvues d'une baignoire à remous, d'une terrasse ou d'un foyer. Cet hôtel de luxe abrite de plus un centre sportif comprenant entre autres court de tennis intérieur, salle d'exercices, piscine intérieure et sauna. L'hôtel possède une salle à manger remarquable, L'If ($$$$), située dans la rotonde du bâtiment principal, face au lac. Débutez votre expérience gastronomique par une terrine de faisan en croûte et son chutney aux pommes et canneberges, puis poursuivez en vous offrant une spécialité végétarienne comme le riz au cari sauté dans l'huile d'olive ou encore la caille fermière désossée et farcie de poires et poivre vert. Décor luxueux. Ambiance romantique.

SAINT-HIPPOLYTE

Auberge des Cèdres ✕
$$$-$$$$
mar-dim
26 305ᵉ Avenue
☎(450) 563-2083
Au restaurant de l'Auberge des Cèdres, vous pourrez apprécier l'une des meilleures tables de la région. Le menu présente une cuisine gastronomique française et, plus particulièrement, quelques trésors de la cuisine normande.

SAINT-JOVITE

♥ La Table Enchantée ✕
$$-$$$
mar-sam
600 route 117 Nord
☎(819) 425-7113
La Table Enchantée propose un menu de spécialités québécoises savoureuses. Entre autres, le cipaille, le wapiti et le caribou y sont apprêtés à merveille, le tout dans un décor sobre et chaleureux.

Antipasto ✕
$$-$$$
855 rue Ouimet
☎(819) 425-7580
Situé dans une ancienne gare, le restaurant Antipasto constitue une halte très intéressante. Les murs sont garnis de

cadres et d'affiches rappelant la fonction première de l'édifice. Prenez un siège et asseyez-vous près de la verrière, pour une atmosphère incontournable. Le menu est constitué principalement de pâtes, de pizzas et de plats de veau.

♥ Cheval de Jade ✕
$$$-$$$$
688 rue Ouimet
☎(819) 425-5233
Le Cheval de Jade est sans aucun doute l'endroit préféré des amoureux dans la région de Mont-Tremblant. Le restaurant est établi dans une demeure à bardeaux blancs, à quelques pas du centre commercial de Saint-Jovite, et son décor, simple et élégant, est composé de briques, de boiseries, de murs vert foncé et de rideaux de dentelle blanche. En été, il est possible de dîner à l'extérieur, sous un auvent. Les spécialités de la maison: poisson (doré avec sauce homard, sole avec sauce hollandaise aux truffes, bouillabaisse) et flambés. Le service est attentionné, chaleureux et sans prétention… L'endroit idéal pour une soirée hors de l'ordinaire!

SAINT-SAUVEUR-DES-MONTS

♥ Le Mousqueton ✕
$$-$$$
fermé dim
120 rue Principale
☎(450) 227-4330
Vous remarquerez la maison verte abritant Le Mousqueton. Dans une ambiance chaleureuse et sans prétention, on y sert

une cuisine québécoise moderne et imaginative. Plats de gibier, de poisson et même d'autruche figurent au menu.

Bistro Saint-Sauveur ✕
$$-$$$
mar-sam
apportez votre vin
146 rue Principale
☎(450) 227-1144

Le Bistro Saint-Sauveur prépare une délicieuse cuisine française. La jolie décoration parvenant à créer une atmosphère chaleureuse, vous vous y sentirez bien pour manger un bon repas entre amis.

SAINTE-ADÈLE
Complexe Hôtelier
Harfang des Neiges ⌷
$$$ pdj
≡, ⊛, ℑ, ℜ, ℂ, 🐾
2010 chemin Pierre-Péladeau
☎(450) 228-4645 ou 800-363-5624
⇄(450) 228-3047
www.harfangdesneiges.com

Sur la route reliant Sainte-Adèle et Sainte-Marguerite-du-Lac-Masson, vous trouverez, dans un coin tranquille, le Complexe Hôtelier Harfang des Neiges. Il s'agit d'un petit établissement de style motel de 15 chambres, propre et sans prétention, établi près d'un lac et près de la route 327. Chaque chambre est équipée d'un foyer, et certaines disposent d'une baignoire à remous. Même si les chambres ont été remeublées récemment, quelques-unes, aux tons de pêche et d'or ou de rose, commencent à avoir l'air démodées quelque peu. Malgré tout, cet établissement est toujours une bonne option pour un court séjour.

Le Chantecler ⌷
$$$$
≡, ☺, ≈, △, ℑ, ✿, ℂ, ℜ
1474 chemin du Chantecler
☎(450) 229-3555 ou 800-363-2420
⇄(450) 229-5593
www.lechantecler.com

Nommé en référence à l'œuvre d'Edmond Rostand, dont on a aussi emprunté le coq pour emblème, Le Chantecler propose une foule d'activités dans un cadre très naturel, au bord du lac Chanteclerc et au pied du mont du même nom. Le terrain de golf se trouve dans un site enchanteur entre les montagnes. Les chambres, toutefois, sont petites et très ordinaires, au décor rappelant le style

ennuyeux des années 1980. Évitez les chambres du quatrième étage: pour y accéder (à l'extrémité du bâtiment), vous devez faire un détour par le stationnement intérieur.

♥ L'Eau à la Bouche ⌷✕
$$$$$
≡, ⊛, ℑ, ≈, ℜ
3003 boulevard Ste-Adèle
☎(450) 229-2991 ou 888-828-2991
⇄(450) 229-7573
www.leaualabouche.com

Faisant partie de la prestigieuse association des Relais & Châteaux, l'hôtel L'Eau à la Bouche est connu pour son excellent restaurant gastronomique et pour ses chambres compactes et simples mais offrant un grand confort. Ne vous laissez pas influencer par l'aspect très rustique du bâtiment, car les chambres sont garnies d'un mobilier sobre mais élégant. Quelques-unes sont mêmes dotées d'un foyer. Le bâtiment de l'hôtel même a été construit en retrait de la route au milieu des années 1980. Il offre une vue splendide sur les pistes de ski du mont Chantecler. Le restaurant, quant à lui, a été aménagé dans une maison séparée. L'ensemble se trouve sur la route 117, au nord du village de Sainte-Adèle. L'une des meilleures tables ($$$$) des Laurentides, voire du Québec, se trouve à l'hôtel L'Eau à la Bouche. Le chef Anne Desjardins se fait ici un point d'honneur de se surpasser jour après jour, afin de servir à sa clientèle une cuisine française exceptionnelle à base de produits du Québec. Deux menus, l'un de trois services et l'autre de six services, sont proposés chaque soir. Très belle carte des vins. Une inoubliable expérience gastronomique!

♥ Clef des Champs ✕
$$$-$$$$
fermé lun en hiver
875 chemin Pierre-Péladeau
☎(450) 229-2857

Au restaurant la Clef des Champs, vous dégusterez une cuisine française digne des plus fins palais. Il faut grimper au sommet d'une petite colline pour atteindre ce resto, dont la savoureuse cuisine classique est reconnue depuis maintenant de nombreuses années. La salle à manger, chaleureusement décorée, est parfaite pour les repas en tête-à-tête. Le restaurant dispose en outre d'une excellente cave à vins.

♥ Auberge La Biche au Bois ✕
$$$$
mar-dim
100 boulevard Ste-Adèle
☎(450) 229-8064

Le cadre enchanteur de l'Auberge La Biche au Bois saura à coup sûr vous mettre en appétit. Au menu, des spécialités québécoises et françaises. Atmosphère romantique.

SAINTE-AGATHE-DES-MONTS

Auberge Le Saint-Venant ⌨
$$ pdj
ℂ, ≡, ℝ
234 rue St-Venant
☎(819) 326-7937 ou 800-697-7937
⇌(819) 326-4848
www.st-venant.com

L'Auberge Le Saint-Venant constitue l'un des secrets bien gardés de Sainte-Agathe. Dans une belle grande maison jaune juchée sur une colline, on a aménagé avec beaucoup de raffinement ce bel établissement de neuf chambres. Celles-ci se révèlent vastes, décorées avec goût et baignées de lumière grâce à de grandes fenêtres. Accueil à la fois chaleureux et discret.

Auberge La Caravelle ⌨
$$$ pdj
⊛, ≈, ℜ, ℨ
92 rue Major
☎(819) 321-2444 ou 800-661-4272
⇌(819) 326-0818
www.aubergelacaravelle.com

Aménagée dans une jolie maison bleue et rouge, l'Auberge La Caravelle se définit comme une «petite auberge romantique». Aussi l'endroit est-il entouré d'un beau jardin fleuri. De plus, la moitié des 16 chambres sont dotées d'une baignoire à remous, et, parmi celles-ci, il faut compter la «suite nuptiale»... Des vélos sont par ailleurs mis à la disposition des invités.

Chez Girard ✕
$$-$$$
18 rue Principale Ouest
☎(819) 326-0922

Au restaurant Chez Girard, situé non loin du lac des Sables, un peu en retrait de la route, vous profiterez d'un cadre tout à fait agréable et d'une délicieuse cuisine française. Le restaurant est aménagé sur deux niveau, le premier étant le plus bruyant. L'endroit est fort agréable après les journées de plein air.

SAINTE-MARGUERITE-DU-LAC-MASSON

♥ Bistro à Champlain ✕
$$$$
été: tlj
hiver: jeu-dim
75 chemin Masson
☎(450) 228-4988
⇌(450) 228-4893
www.bistroachamplain.com

Il ne faut pas se fier à l'allure quelconque de la maison qui abrite le Bistro à Champlain. Il s'agit en fait d'une des meilleures tables des Laurentides. On y prépare d'excellents plats issus d'une cuisine nouvelle employant des produits frais de la région. L'intérieur se révèle absolument extraordinaire. Il s'agit en fait d'une véritable galerie d'art où vous pourrez admirer plusieurs tableaux de Jean-Paul Riopelle, un ami intime du proprio, et d'autres artistes comme Joan Mitchell et Louise Prescott. L'établissement possède de plus l'une des caves à vins les plus réputées du Québec. Il est d'ailleurs possible de la visiter sur réservation. Chacun peut goûter quelques crus de cette formidable réserve, car même les plus grands vins sont vendus au verre. Il est préférable de réserver.

STATION MONT-TREMBLANT

Station Mont-Tremblant ⌨
3005 chemin Principal
☎(819) 681-5555 ou 800-461-8711
⇌(819) 681-5556
www.tremblant.ca

La Station Mont-Tremblant gère directement une large gamme d'unités d'hébergement. Ainsi peut-on choisir une chambre ou un appartement à l'intérieur d'un complexe comme le Country Inn ans Suites by Carlton ($$$$$ pdj; ≡, △, ≈, ℂ, ℝ, ℨ), situé près du lac Miroir, dans le secteur «Vieux Tremblant» de la Station, ou comme les luxueux Deslauriers et Johannsen ($$$-$$$$; ≡, ≈, ℂ, ℨ), tous construits autour de la place Saint-Bernard. Les familles devraient quant à elles opter pour les condos individuels du domaine La Chouette ($$$; ℂ, ℨ; ☎888-857-7967). Ceux-ci, tout équipés, ont des dimensions modestes mais sont magnifiquement baignés de lumière naturelle. Ils offrent en outre un excellent rapport qualité/prix, devenant ainsi une option appréciable dans le secteur.

♥ Fairmont Tremblant |≞|
$$$$$
≡, ⊛, ☺, C, ℑ, ≈, ℜ, △, ⅗
3045 chemin Principal
☎(819) 681-7000 ou 800-441-1414
⇌(819) 681-7099
www.fairmont.com
Dominant la Station Mont-Tremblant, le Fairmont Tremblant est un des deux seuls ajouts faits à la prestigieuse chaîne hôtelière Canadien Pacifique depuis un siècle, l'autre se trouvant à Whistler, en Colombie-Britannique. Cet imposant hôtel de 316 chambres arrive à combiner habilement chaleur rustique de bon aloi dans les environs et haut confort propre aux établissements de grand prestige. L'endroit abrite de plus un important centre de congrès et possède de nombreuses salles de réunion. L'atmosphère et le décor sont définitivement plus simples ici qu'au Westin (voir ci-dessous), le nouveau complexe hôtelier de Mont-Tremblant.

♥ Westin Resort Tremblant |≞|
$$$$$ pdj
≈, ℑ, ☺, ≡, △, C
100 ch. Kandahar
☎(819) 681-8000
⇌(819) 681-8001
www.westin.com
Ouvert en 2000, le Westin continue à hausser la barre en termes de luxe et de confort. Le hall d'entrée est aussi splendide et chaleureux qu'un manoir champêtre, tandis que les chambres sont pourvues des caractéristiques propres à la chaîne Westin (lits et douches de luxe). Ces dernières sont décorées d'audacieux tons de rouge et d'or, et offrent toutes les commodités; même les chambres standards sont munies d'une cuisinette. Le service est excellent mais inégal.

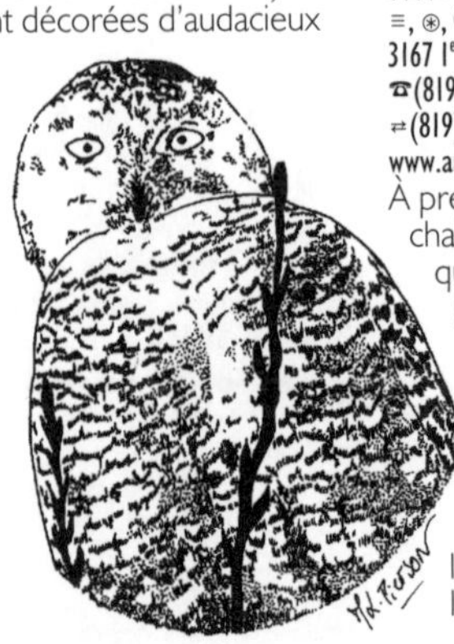

La Savoie ✕
$$-$$$
Vieux-Tremblant
☎(819) 681-4573
Dans une ancienne maison en forme de «U» du Vieux-Tremblant, un peu à l'écart du brouhaha, La Savoie propose raclettes, «pierrades», fondues et autres spécialités alpines. Petite terrasse. Ambiance simple et sympathique, sans extravagance.

Aux Truffes ✕
$$$$
3035 chemin de la Chapelle
☎(819) 681-4544
Dans un décor à la fois moderne et chaleureux, Aux Truffes constitue la meilleure adresse de la Station Mont-Tremblant. On y prépare une succulente nouvelle cuisine française où figurent en bonne place truffes, foie gras et plats de viande sauvage.

VAL-DAVID
La Maison de Bavière |≞|
$$ pdj
1472 chemin de la Rivière
☎(819) 322-3528
www.maisondebaviere.com
Un séjour à La Maison de Bavière s'avère une bien belle expérience. Les propriétaires ont pris le temps de bien décorer chacune des chambres, en plus de les baptiser de noms de compositeurs célèbres: Mozart, Strauss, Haydn et Beethoven. L'accueil se révèle particulièrement chaleureux, et le site, près d'une cascade, est enchanteur. Comme pour tout endroit de qualité, il est préférable de réserver.

Auberge du Vieux Foyer |≞|
$$$$ ½p
≡, ⊛, C, ℑ, ≈, ℜ
3167 1er Rang, Doncaster
☎(819) 322-2686 ou 800-567-8327
⇌(819) 322-2687
www.aubergeduvieuxfoyer.com
À première vue, ce petit hôtel de style chalet suisse kitsch donne l'impression que ses chambres le seront aussi; pourtant elles sont très coquettes. Chacune est unique, décorée de belles couleurs riches; certaines sont pourvues de boiseries, de jolies œuvres d'art et literies, et d'une touche des années 1980, semblable à la plupart des hôtels de la région. De plus, elles sont minuscules (à déconseiller aux claustropho-

bes). Les voyageurs seuls, qui veulent fuir les groupes et le bruit, sont avisés que l'endroit est très populaire auprès de ces derniers.

Hôtel La Sapinière ⊨×
$$$$$
≡, ℑ, ≈, ⊙, △
1244 chemin de la Sapinière
☎(819) 322-2020 ou 800-567-6635
⇌(819) 322-6510
www.sapiniere.com

Le bâtiment en rondins de l'Hôtel La Sapinière, au cachet campagnard, date de 1936 et appartient toujours au même propriétaire. À ce prix, ne vous attendez pas à du luxe; le décor des chambres est un peu vieux mais tout de même joyeux, comprenant moquette rose, papier peint fleuri et rideaux de dentelle. Malgré tout, l'endroit est une halte confortable pour qui séjourne dans les Laurentides, d'autant plus qu'il est situé dans un cadre enchanteur près d'un lac calme et entouré de montagnes et de sentiers de ski de fond. Des embarcations sont disponibles. Au restaurant de l'hôtel (**$$$$**), on s'efforce depuis maintenant plus de 60 ans de développer une cuisine créative d'inspiration québécoise et française. Parmi les spécialités de la maison, notons les plats de lapereau et de porcelet, de même que le pain d'épice. La tarte au sucre à la crème est pour sa part incontournable. Très bonne sélection de vins.

Val-Morin
♥ Hôtel Far Hills ⊨×
$$$$
≡, ≈, ℜ, △
3399 rue Far Hills Inn
☎(819) 332-2014 ou 800-567-6636
⇌(514) 322-1995
www.farhillsinn.com

Profitant d'un immense terrain, l'Hôtel Far Hills constitue un site champêtre d'une grande tranquillité. On y vient, entre autres choses, pour pratiquer le ski de fond, car il dispose de plus d'une centaine de kilomètres de sentiers. En été, il fait bon s'y reposer tout en profitant des activités proposées par l'hôtel. Les chambres sont bien décorées et l'accueil chaleureux. La table de l'hôtel Far Hills (**$$$$**) compte encore aujourd'hui parmi les meilleures des Laurentides. On y propose une gastronomie digne des plus grands établissements internationaux.

Le Mazot Suisse ×
$$-$$$
mer-dim
5320 boulevard Labelle
☎(450) 229-5600

Le Mazot Suisse occupe une maison semblable au typique chalet (mazot) qu'on retrouve en Suisse. Le menu propose des spécialités telles que la fondue bourguignonne (filet de bœuf) ou la raclette (préparée dans le four original). L'endroit est fort agréable.

Village Mont-Tremblant
La Petite Cachée ⊨
$$$ pdj
≈, ℑ, ≡
2681 ch. Principal
☎(819) 425-2654 ou 866-425-2654
⇌(819) 425-6892
www.petitecachee.com

La Petite Cachée, nommée en l'honneur de la rivière qui coule tout près, a accueilli ses premiers visiteurs en 1997. Les chambres, au rez-de-chaussée, sont pourvues de murs en bois rond, offrant une ambiance chaleureuse, alors que celles à l'étage sont décorées de manière plus élégante. Toutes les pièces ont des planchers de bois et de jolies literies (certaines ont un balcon), et sont impeccablement aménagées et méticuleusement entretenues par les propriétaires, Manon et Normand. L'aspect le plus agréable de ce gîte, toutefois, est le délicieux petit déjeuner. Même si Normand a laissé tomber sa carrière de cuisinier afin de devenir aubergiste, il revient à sa première passion tous les matins pour créer des petits plats raffinés. Dans la salle à manger, prenez place près d'une grande fenêtre donnant sur la montagne, et faites plaisir à vos papilles gustatives.

Club Tremblant ×
$$$-$$$$
avenue Cuttle
☎(819) 425-2731

La salle à manger du Club Tremblant offre une vue panoramique sur le lac et le mont Tremblant. Le chef y prépare une cuisine gastronomique française traditionnelle. Les jeudis et samedis soirs, on y sert un fastueux buffet. Le brunch du dimanche est aussi très couru. Réservations fortement recommandées.

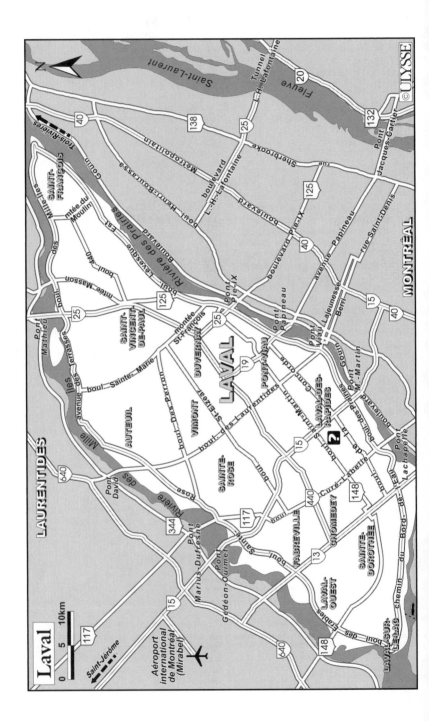

Laval

L'une des villes les plus importantes au Québec avec ses 350 000 habitants, Laval occupe une grande île au nord de Montréal, l'île Jésus, située entre le lac des Deux Montagnes, la rivière des Prairies et la rivière des Mille Îles.

Indicatif régional: 450

LES SÉJOURS 🛏

Les hôtels et motels de Laval enregistrent, année après année, parmi les plus hauts taux d'occupation de tous les établissements de ce type au Québec!

Pourquoi? Parce qu'ils sont surtout fréquentés par des gens d'affaires. En effet, la plupart de ces hôtels et motels sont très bien situés, soit de part et d'autre de l'autoroute 15. Ce qui est non négligeable puisque cette autoroute permet d'avoir rapidement accès à Montréal ainsi qu'à ses deux aéroports internationaux.

La ville de Laval compte 13 hôtels et motels pour un total de quelque 1 300 chambres. Plusieurs des hôtels, modernes et luxueux, font partie des grandes chaînes. D'autre part, Laval est reconnue comme un «centre de congrès» majeur. S'y trouvent quatre complexes qui peuvent accueillir chacun jusqu'à 2 000 personnes.

Enfin, un autre élément particulier de l'hébergement à Laval est le fait qu'ici, contrairement aux autres régions touristiques du Québec, les hôtels de capacité moyenne (40 à 199 unités), et non les petits, sont les plus nombreux.

Comme la région lavalloise fait partie intégrante de la banlieue montréalaise, plusieurs optent pour Montréal pour se loger.

LES DÉLICES ✕

Laval n'est pas, comme plusieurs le pensent, qu'une grande ville dortoir ou une banlieue amorphe de Montréal. C'est oublier qu'avant de devenir Laval ce territoire anciennement dénommé l'île Jésus était occupé par 14 villages dont la majorité dataient du Régime français. Cela dit, il existe encore à Laval de beaux quartiers historiques tels que Sainte-Rose, Saint-Vincent-de-Paul et Sainte-Dorothée. Donc, vous pouvez facilement trouver des restaurants installés dans de jolies et anciennes demeures bourgeoises où règne une ambiance intime. Autre surprise, Laval compte plusieurs grandes tables; notons, entre autres, Le Mitoyen, La Maison de Chavignol et Les Menus-Plaisirs. Les fins connaisseurs pourront vivre une expérience gastronomique dans une dizaine d'établissements différents dont la réputation traverse aujourd'hui les frontières.

LES ADRESSES

Gîte du Marigot 🛏
$$ pdj
⊛, bc/bp
128 boulevard Lévesque Est
☎668-0311
www.gitedumarigot.com
Maison coquette et colorée, aux murs ornés de masques africains et de tapisseries sud-américaines, le Gîte du Marigot dispose de cinq chambres spacieuses, chacune empreinte d'un cachet particulier. Doté d'un petit jardin d'inspiration asiatique et d'un solarium, l'endroit incite autant à la détente qu'à la convivialité, le tout dans le respect de l'intimité des invités. Situé non loin de Montréal, le Gîte du Marigot offre un agréable séjour à quiconque fuit l'ambiance aseptisée des grandes chaînes d'hôtels.

Chocolune ✕

$

274 boulevard Ste-Rose

☎628-7188

Chocolune, comme son joli nom le suggère, est une chocolaterie. On y fabrique sur place, d'une manière artisanale, différents produits au chocolat de même que des pâtisseries qu'on peut déguster au salon de thé attenant ou acheter à la boutique.

L'Escargot Fou ✕

$$-$$$

mar-dim

5303 boulevard Lévesque Est, St-Vincent-de-Paul

☎664-3105

Dans son joli restaurant, le chef Olivier Delcol met en valeur sa créativité en proposant plus d'une centaine de recettes de moules. L'agencement des saveurs se révèle raffinée et subtil. On y sert également une fine cuisine régionale. Pendant la saison estivale, on peut déguster son repas sur la terrasse. Le service sympathique confère de la chaleur à ce petit restaurant branché.

♥ La Maison de Chavignol ✕

$$-$$$

3 avenue des Terrasses

☎628-0161

La Maison de Chavignol ne manque pas de charme avec sa terrasse fleurie à l'avant. On a su préserver le cachet historique de cette superbe demeure en pierre datant de 1810, tant à l'intérieur, où règne une délicieuse ambiance intime, qu'à l'extérieur. La cuisine française proposée, variée et inventive, est servie – chose rare dans ce type de restaurant – sept jours par semaine. Le menu «douceurs du soir» réserve quelques succulentes surprises. Parmi celles-ci, mentionnons le feuilleté de crottin de Chavignol avec salade de mâche et beurre acidulé aux aromates, les noisettes de lapin et ses rognons poêlés au fumet de porto et au thym, ou encore l'escalope de saumon frais en chausson et son navarin de pétoncles au basilic. Réservations fortement recommandées.

♥ Le Mitoyen ✕

$$$$

mar-dim

652 Place publique, Ste-Dorothée

☎689-2977

Le Mitoyen, pourvu de foyers, offre une ambiance des plus chaleureuses. L'endroit est d'autant plus agréable que l'on y mange divinement. Les plats, issus des traditions culinaires françaises mais concoctés à partir de produits du terroir québécois, sont préparés avec art. Laissez-vous tenter par le menu gastronomique, une expérience inoubliable. Ce restaurant figure parmi les bonnes tables du Québec.

♥ Les Menus-Plaisirs ✕

$$$$

244 boulevard Ste-Rose

☎625-0976

C'est dans une spacieuse demeure du début du XXᵉ siècle qu'est établi le charmant resto Les Menus-Plaisirs. À l'intérieur, plusieurs petites salles permettent de recevoir beaucoup de monde... dans un cadre qui reste intime. Une vaste pièce, bien aérée en été, attend aussi les convives à l'arrière. Elle donne sur la cour, transformée en une splendide terrasse avec clôture couverte de lierre et jolie cascade. Grâce à de grands auvents et à un système de génération de chaleur, on peut s'y attabler souvent jusqu'à la fin du mois d'octobre, un plaisir qui, au Québec, n'a rien de menu... La table d'hôte à cinq services constitue une bonne affaire. S'y côtoient terrine de sanglier, aiguillettes d'autruche, rôtisson de caribou, médaillon de saumon et autres spécialités de fine cuisine régionale. Un bon choix de fondues est aussi proposé. La carte des vins, quant à elle, est fort impressionnante.

Manicouagan

Plus de 300 km de littoral profondément échancré avec ses plages et ses falaises que côtoient les baleines, sans compter les barrages hydroélectriques, composent la région de la Manicouagan.

Lorsqu'on traverse le fjord du Saguenay, on arrive dans un autre monde, un monde féerique: la Côte-Nord. Le littoral manicois s'étend de Tadoussac à Pointe-des-Monts, tandis que les terres intérieures s'étendent jusqu'à Manic-5 et aux monts Groulx. Les amateurs d'observation des baleines, les kayakistes et les adeptes de plein air de tout acabit s'y rendent pendant la saison estivale, tandis que les motoneigistes prennent la relève en hiver.

Indicatif régional: 418

LES SÉJOURS 🛏

Comme dans toute autre région éloignée des grands centres urbains du Québec, un voyage sur la «Côte» se doit d'être bien planifié parce que les infrastructures d'accueil sont limitées. Manicouagan compte une centaine d'établissements d'hébergement touristiques dispersés dans une quinzaine de municipalités.

LA RÉGION DE TADOUSSAC

Tadoussac est littéralement envahie par une cohorte de touristes pendant les mois de juillet et d'août, et les établissements d'hébergement sont souvent complets. Un bon conseil est de se rendre très tôt le matin pour faire ses réservations car, dès 11h, il est souvent trop tard. L'Hôtel Tadoussac, comme le Château Frontenac pour Québec, constitue un véritable emblème pour Tadoussac. Il est d'ailleurs niché au creux de l'anse, et l'on ne peut pas le manquer avec sa toiture de tôle

peinte en rouge éclatant et ses murs en bois peints d'un blanc immaculé. Sacré-Cœur, un autre hameau qui regroupe quelques établissements, donne accès au parc du Saguenay. Les Bergeronnes et Les Escoumins, deux hameaux riverains, attirent les amateurs d'observation de cétacés ainsi que de plongée sous-marine; on y trouve de nombreux lieux d'hébergement.

LE LITTORAL ENTRE SAULT-AU-MOUTON ET LES ISLETS-CARIBOU

Ici les distances se font plus grandes et les villages plus rares. On ne trouve souvent qu'un ou deux établissements par hameau. Forestville, une ville de services, abrite une dizaine d'établissements d'hébergement. Baie-Comeau, la capitale régionale, compte une vingtaine d'hôtels et de motels de toutes catégories. La majorité des établissements se trouvent le long de la route 138 (ici dénommée le boulevard Laflèche), dans le secteur ouest de Baie-Comeau. Le Manoir, comme son nom l'indique, ressemble à un vaste manoir en pierre du Régime français.

LES DÉLICES ✕

Tadoussac et Baie-Comeau sont les endroits où l'on trouve le plus de petites auberges sympathiques. Évidemment, les produits de la mer sont à l'honneur et toujours frais.

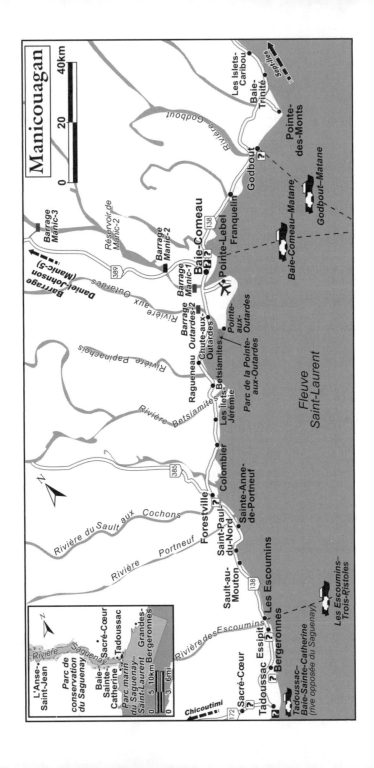

LES ADRESSES

BAIE-COMEAU
Le Petit Château 🛏
$$-$$$ pdj

≡

2370 boulevard Laflèche
☎295-3100
⇄295-3225

Quelle grande et magnifique résidence que cette auberge installée dans une oasis en pleine ville! Le Petit Château est un gîte accueillant même s'il privilégie une atmosphère simple et champêtre.

♥ Le Manoir ✕
$$$
8 rue Cabot
☎296-3391

La renommée de la salle à manger de l'hôtel Le Manoir n'est plus à faire. Dans un décor extrêmement chaleureux et luxueux, on y fait une fine cuisine élaborée, à laquelle on peut attribuer les qualificatifs les plus élogieux. Ce rendez-vous des gens d'affaires et des industriels peut également plaire à la clientèle touristique, qui appréciera le point de vue unique sur la baie et l'ambiance de vacances qui règne sur la terrasse extérieure. Remarquable choix de vins.

♥ La Cache d'Amélie ✕
$$$$
37 avenue Marquette
☎296-3722

La Cache d'Amélie est le relais gastronomique par excellence à Baie-Comeau. Dans le pittoresque ancien presbytère de la plus belle paroisse de la ville, vous aurez droit à une intimité heureuse qui prédispose admirablement aux fins plaisirs de la table.

BERGERONNES
♥ Auberge La Rosepierre 🛏✕
$$
◉, ℜ, bc/bp
66 rue Principale
☎232-6543 ou 888-264-6543
⇄232-6215
www.rosepierre.com

L'Auberge La Rose-
pierre est un superbe
établissement dont les
chambres conforta-
bles ont été décorées

avec raffinement. Une véritable collection de granits du Québec a été intégrée à l'auberge: les propriétaires en parlent avec passion. Le granit ne dépouille pas les lieux de leur chaleur, bien au contraire, et l'on s'y sent à l'aise dès l'entrée. Location de vélos. L'Auberge La Rosepierre abrite une salle à manger (**$$-$$$**) aménagée avec beaucoup de goût et qui propose une table d'hôte où les saveurs et la façon de faire régionales sont à l'honneur. Naturellement, les plats de poisson et de fruits de mer sont au menu et toujours apprêtés avec une touche particulière.

GODBOUT
♥ Gîte Aux Berges 🛏
$
ℜ, bc
avr à sept
180 rue Pascal-Comeau
☎568-7816
⇄568-7833
www.maisonnette-chalet-quebec.com

Le Gîte Aux Berges demeure, à tout point de vue, l'un des meilleurs gîtes de la Côte-Nord. Les chambres sont pourtant aménagées sans prétention, et l'endroit est loin d'être luxueux, mais la qualité et la chaleur de l'accueil, les services touristiques proposés ainsi qu'une cuisine régionale raffinée font toute la différence. Vous trouverez ici un lieu de détente et de repos au cœur d'un village fascinant. On y fait aussi la location de chalets de bois rond situés près de l'auberge. Plage.

TADOUSSAC
♥ Hôtel Tadoussac 🛏
$$$$$
≈, ℜ
mi-mai à mi-oct
165 rue du Bord-de-l'Eau
☎235-4421 ou 800-561-0718
⇄235-4607
www.familledufour.com

Faisant face au fleuve dans un long bâtiment blanc évoquant vaguement un manoir de la fin du XIXᵉ siècle, l'Hôtel Tadoussac se distingue aisément par son toit

Barrage Daniel-Johnson

rouge vif. L'hôtel, célèbre pour avoir servi de toile de fond au film «Hotel New Hampshire», dispose de chambres moins confortables qu'on pourrait l'espérer.

Au Père Coquart Café ✕
$-$$
début juin à oct
115 rue de la Coupe-de-L'Islet
☎235-1170
Sur une petite rue perpendiculaire à la rue du Bord-de-l'Eau, on trouve un sympa-

thique café nommé en l'honneur du père jésuite qui fit bâtir la vieille chapelle de Tadoussac. Au Père Coquart Café sert des mets simples ainsi que des spécialités régionales, dans la même ambiance détendue que l'on retrouve un peu partout dans le village. Sa jolie terrasse est bondée durant les beaux jours. Le matin, on y propose de bons petits déjeuners.

Mauricie et Centre-du-Québec

La Mauricie et le Centre-du-Québec bénéficient d'une situation géographique avantageuse, à mi-chemin entre Montréal et Québec, d'où l'ancien vocable qui réunissait ces deux régions aujourd'hui autonomes, le Cœur-du-Québec.

La Mauricie s'étend de la rive nord du Saint-Laurent aux environs de La Tuque, d'où la route 155 mène au Lac-Saint-Jean, tandis que le Centre-du-Québec occupe la rive sud du fleuve jusqu'aux contreforts des Appalaches.

Indicatif régional: 819

LES SÉJOURS 🛏

On trouve plus de 130 établissements d'hébergement touristiques dans une soixantaine de municipalités en Mauricie et au Centre-du-Québec. Les principales caractéristiques de l'hôtellerie de ces régions touristiques sont les suivantes:

• plusieurs motels de service le long des deux principales autoroutes du Québec (les autoroutes 20 et 40);
• une hôtellerie de villégiature en Mauricie;
• des auberges occupant d'anciennes demeures ancestrales, dans les hameaux qui longent les deux rives du fleuve.

LA MAURICIE

Les principaux axes routiers qui traversent cette région sont la route 138 (le chemin du Roy), les autoroutes 40 et 55, puis la route 155, qui mène au Lac-Saint-Jean. Le littoral est le pays des anciennes seigneuries et regroupe de nombreuses vieilles auberges. Les villes de Trois-Rivières et de Cap-de-la-Madeleine sont d'importants centres régionaux et, étant situées à mi-chemin entre Montréal et Québec, ont de nombreux hôtels et motels urbains. Plus au nord, Shawinigan, Grand-Mère et La Tuque referment aussi de nombreux établissements d'hébergement.

Il est possible de s'offrir en Mauricie des séjours fort originaux dans la nature. Par exemple, plusieurs auberges se dressent au bord de grands plans d'eau auxquels on peut avoir accès en hydravion.

LE CENTRE-DU-QUÉBEC

Les principaux axes routiers qui parcourent cette région sont la route 132 (le long du fleuve Saint-Laurent) et l'autoroute 20, principal axe de transport routier entre Montréal et Québec. Ainsi, il y a plusieurs motels le long de cette voie (malheureusement pas toujours des fleurons de l'hôtellerie en matière de décor et d'architecture!). La ville de Drummondville en est la capitale régionale et est situé aussi à mi-chemin entre Montréal et Québec; c'est donc un endroit où s'arrêtent plusieurs voyageurs de commerce. D'ailleurs le parc hôtelier confirme ce fait avec la présence de quatre hôtels à capacité moyenne à Drummondville, tous équipés de salles de réunion, de réception ou de congrès. Victoriaville est la deuxième ville la plus peuplée de la région; tout comme Drummondville, elle compte quelques hôtels à capacité moyenne.

LES DÉLICES ✕

La Mauricie étant un important territoire pour la chasse et la pêche, il est à prévoir

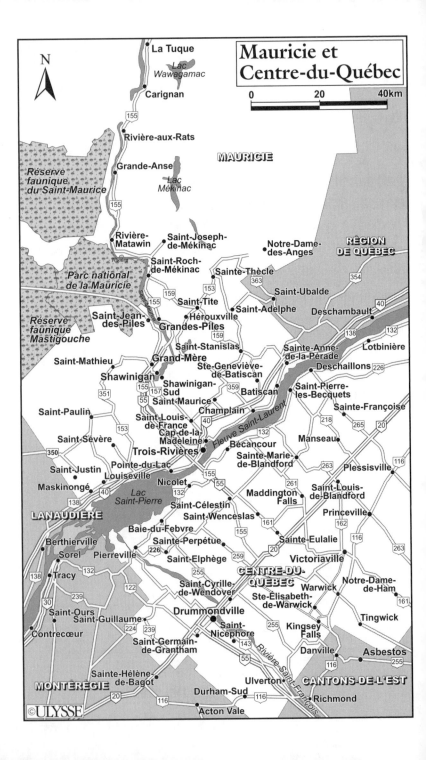

Mauricie et Centre-du-Québec

0   20   40km

N

La Tuque

Lac Wawagamac

Carignan

155

Rivière-aux-Rats

MAURICIE

Grande-Anse

Lac Mékinac

Réserve faunique du Saint-Maurice

155

Rivière-Matawin

Saint-Joseph-de-Mékinac

Notre-Dame-des-Anges

RÉGION DE QUÉBEC

Saint-Roch-de-Mékinac

Sainte-Thècle

354

Parc national de la Mauricie

159

153

Saint-Ubalde

40

Saint-Tite

Saint-Adelphe

Deschambault

132

Réserve faunique Mastigouche

155

Hérouxville

363

138

Saint-Jean-des-Piles

Grandes-Piles

159

Lotbinière

Saint-Mathieu

Saint-Stanislas

Sainte-Anne-de-la-Pérade

Grand-Mère

Ste-Geneviève-de-Batiscan

Deschaillons

226

Shawinigan

155

157

Shawinigan-Sud

359

Batiscan

Saint-Pierre-les-Becquets

351

55

Saint-Maurice

Saint-Paulin

Champlain

Sainte-Françoise

Saint-Louis-de-France

40

Fleuve Saint-Laurent

218

265

20

Saint-Sévère

153

Cap-de-la-Madeleine

132

Manseau

350

Trois-Rivières

Bécancour

Saint-Justin

Pointe-du-Lac

Sainte-Marie-de-Blandford

263

Plessisville

116

Louiseville

Nicolet

155

Maskinongé

40

132

55

Maddington Falls

261

Saint-Louis-de-Blandford

Lac Saint-Pierre

Saint-Célestin

Princeville

LANAUDIÈRE

138

Saint-Wenceslas

161

162

Baie-du-Febvre

155

Sainte-Eulalie

116

Berthierville

Sainte-Perpétue

20

263

Sorel

Pierreville

226

Victoriaville

Tracy

132

Saint-Elphège

259

Warwick

Notre-Dame-de-Ham

138

122

255

CENTRE-DU-QUÉBEC

Saint-Cyrille-de-Wendover

Ste-Élisabeth-de-Warwick

161

30

239

Tingwick

Saint-Ours

Drummondville

Kingsey Falls

Saint-Guillaume

Saint-Nicéphore

255

Contrecœur

224

239

143

Danville

Asbestos

Saint-Germain-de-Grantham

55

116

255

Sainte-Hélène-de-Bagot

Ulverton

CANTONS-DE-L'EST

MONTÉRÉGIE

20

116

Durham-Sud

116

Richmond

Rivière Saint-François

Acton Vale

©ULYSSE

que le gibier et le poisson entrent, pour une bonne part, dans la composition des recettes des chefs des grandes tables régionales. À Trois-Rivières, le restaurant Chez Claude est reconnu comme l'une des meilleures tables gastronomiques du Québec. Le Centre-du-Québec, quant à lui, recèle de nombreux érables à sucre; les desserts à base de sirop ou de sucre d'érable sont évidemment fort variés.

LES ADRESSES

BÉCANCOUR

♥ Auberge Godefroy ⊨×
$$$$
≡, ⊛, ⊙, C, ℑ, ≈, ✿, ℜ, △
17575 boulevard Bécancour
☎233-2200 ou 800-361-1620
⇄233-2288
www.aubergegodefroy.com
L'Auberge Godefroy est un imposant édifice aux multiples fenêtres. Son hall d'entrée, tout aussi important, vous accueille en saison avec un bon feu de foyer. Les quelque 70 chambres sont spacieuses et offrent tout le confort qu'on attend d'un tel établissement. Équipé d'un spa, l'hôtel propose différents forfaits pour vous faire dorloter. La salle à manger de l'Auberge Godefroy ($$$-$$$$) est spacieuse et offre une vue sur le fleuve. On y sert une délicieuse cuisine française qui oscille entre les classiques et les créations originales à base de produits de la région. Les desserts sont succulents!

DRUMMONDVILLE
Restaurant La Table d'Hôte
Chez Mallet ×
$$-$$$
1320 boulevard Mercure
☎475-6965
Situé à l'écart du centre-ville, ce restaurant constitue l'option de gastronomie française à Drummondville, et l'on y affiche, comme son nom l'indique, des tables d'hôte (agneau et volaille telle que viande d'autruche).

♥ Crêperie bretonne ×
$$-$$$
131 rue St-Georges
☎477-9148
Installée dans la maison Mitchell, la Crêperie bretonne constitue un attrait en soi. En effet, cette maison victorienne a été restaurée par sa propriétaire d'origine bretonne qui a apporté autant de soins à la rénovation de sa demeure qu'elle en accorde à la préparation de ses délicieuses crêpes. Une atmosphère feutrée se dégage du décor de classe qui combine papier peint original à des innovations de bon goût. On peut d'ailleurs consulter des documents portant sur les influences architecturales et des dossiers photographiques traçant l'histoire de la restauration de la maison. Et que dire des crêpes? Elles sont tout simplement exquises. Plusieurs types de menus sont proposés afin de vous en faire explorer les différentes saveurs. Soulignons plus particulièrement la crêpe de sarrasin aux fruits de mer et sauce cognac – absolument délicieuse. Note santé: les crêpes sont à base de farines biologiques.

GRAND-MÈRE
L'Auberge santé Lac des Neiges ⊨
$$-$$$
$$$$/pers. pc, incluant 3 heures de soins
⊛, ℑ, ≈, ✿, ℜ, bc, bp, △
100 Lac des Neiges, Ste-Flore
☎533-4518 ou 800-757-4519
⇄533-4727
www.aubergesantelacdesneiges.qc.ca
Dès que l'on s'approche de l'Auberge santé Lac des Neiges, le stress du train-train quotidien bat déjà en retraite. L'architecture moderne du bâtiment lové sur une presqu'île est atténuée par la présence de stuc blanc, de poutres et

d'escaliers en bois, ce qui n'est pas sans rappeler le style baroque. La salle de séjour commune est particulièrement invitante avec ses nombreux divans, ses fenêtres avec vue sur le lac et, surtout, son feu de foyer. D'ailleurs, plusieurs convives en robe de chambre s'y prélassent entre deux séances de soins. Le restaurant propose des tables d'hôte de cuisine française à la présentation raffinée. De nombreux forfaits sont disponibles afin de vous tailler un séjour à la mesure de vos besoins. En somme, le personnel met tout en œuvre pour que vous vous y sentiez comme chez vous et repartiez frais et dispos.

GRANDES-PILES

♥ **Auberge Le Bôme** ⊨▭|✕
$$
⊛, ℛ, △
720 2ᵉ Avenue
☎538-2805 ou 800-538-2805
⇌538-5879
www.auberge-le-bome.qc.ca

L'Auberge Le Bôme est un excellent choix dans la région. Les chambres sont admirablement décorées, et le service amical rend cette auberge très chaleureuse. Vous pourrez aussi profiter d'un superbe salon qui devient la scène de passionnantes discussions avec les autres voyageurs. En plus du confort et du charme, l'Auberge Le Bôme sert une cuisine française (**$$$$**) assortie de spécialités régionales, comme du cerf ou de la truite de l'Arctique, tout à fait sensationnelle. Un incontournable!

POINTE-DU-LAC

♥ **Auberge du Lac Saint-Pierre** ⊨▭|✕
$$$
≡, ⊛, ≈, ℛ, △
1911 rue Notre-Dame
☎377-5971 ou 888-377-5971
⇌377-5579
www.aubergelacst-pierre.com

L'Auberge du Lac Saint-Pierre est située à Pointe-du-Lac, un petit village qui, comme son nom l'indique, annonce la fin du lac Saint-Pierre. Ce «lac» est en fait un élargissement du fleuve Saint-Laurent qui, par ses caractéristiques propres aux marais, attire une faune et une flore particulières. Juchée sur un promontoire qui dévale sur la grève, l'Auberge occupe un site idéal. Ce grand établissement abrite des chambres modernes et confortables. Certaines

M.H. Pierson

sont munies d'une mezzanine pour les lits, laissant ainsi tout l'espace voulu au salon, dans la pièce principale. Si vous vous sentez l'âme à la découverte, vous pouvez emprunter un vélo pour explorer les alentours; vous ne le regretterez pas! Si vous allez manger au restaurant de l'Auberge du Lac Saint-Pierre (**$$$-$$$$**), vous pouvez, pour vous mettre en appétit, vous offrir une petite promenade sur la grève ou un apéro sur la terrasse avec vue sur le fleuve. La salle à manger offre un décor moderne quelque peu froid, mais la présentation des plats, quant à elle, n'a rien de fade et leur goût encore moins. Le menu de cuisine française et québécoise propose truite, saumon, agneau, faisan... tous finement apprêtés. Réservations requises.

SAINT-ALEXIS-DES-MONTS

♥ **Hôtel Sacacomie** ⊨▭|
$$$
⊛, ℐ, ℛ, △
4000 rang Sacacomie
☎265-4444 ou 888-265-4414
⇌265-4445
www.sacacomie.com

L'Hôtel Sacacomie est un magnifique établissement en rondins niché au cœur de la forêt près de la réserve Mastigouche. Surplombant le majestueux lac Sacacomie, l'établissement bénéficie d'un emplacement sans pareil avec une plage à proximité. On peut y pratiquer une foule d'activités, hiver comme été.

SAINT-PAULIN

♥ Le Baluchon |≐|✕
$$$$

⊛, ⊘, ℂ, ℑ, ≈, ✿, ℜ, △

3550 chemin des Trembles

☎268-2555 ou 800-789-5968

⇋268-5234

www.baluchon.com

Construit sur une propriété irriguée par une rivière, Le Baluchon s'impose dans la région comme un relais santé-plein air incontournable. Ce vaste domaine où a eu lieu le tournage de la série télévisée «Marguerite Volant», bénéficie de divers aménagements qui ont pour but de faire profiter les visiteurs des beautés de son environnement. Baladez-vous le long de la rivière ou dans les bois, à pied ou en skis de fond, ou encore descendez la rivière en kayak ou en canot: les activités ne sauraient ici vous manquer. Les deux bâtiments qui servent à l'hébergement abritent près de 40 chambres grand confort au décor moderne et agréable. Vous pouvez aussi vous relaxer au spa, bien équipé. La table du Baluchon (**$$$-$$$$**) propose une fine cuisine française et québécoise ainsi qu'un menu santé qui saura vous régaler. Le tout dans une salle à manger au décor apaisant, avec vue sur la rivière, et située sur un magnifique domaine.

Cité de l'énergie à Shawinigan

SHAWINIGAN

Auberge l'Escapade |≐|
$$$

≡, ⊛, ℜ

3383 rue Garnier

☎539-6911 ou 800-461-6911

⇋539-7669

www.aubergeescapade.qc.ca

L'Auberge l'Escapade possède plusieurs personnalités. Ainsi peut-on y louer une chambre toute simple, mais à prix économique, autant qu'une chambre de luxe, garnie de meubles de style. Entre les deux, les «intermédiaires», jolies et confortables, présentent un bon rapport qualité/prix. Voilà un établissement bien tenu se trouvant près de l'entrée de la ville. Au restaurant, qui plus est, on sert de bons petits plats.

TROIS-RIVIÈRES

Gîte La Campanule |≐|
$$ pdj

634 des Ursulines

☎373-1133

Avoisinant le couvent des Ursulines, le Gîte La Campanule offre aux visiteurs une expérience authentique de gîte touristique. Trois chambres situées à l'étage partagent une salle de bain immense. De dimensions variables, elles s'inspirent d'un style champêtre qui invite au confort, et deux d'entre elles donnent sur le bel aménagement paysager fleuri de la cour arrière.

La Becquée ✕
$$

4970 boulevard des Forges

☎372-0255

Présentant un décor chaleureux avec de belles boiseries, le restaurant La Becquée propose à ses convives une table d'hôte de fine cuisine québécoise et un brunch le dimanche; sa cave à vins en fera saliver plus d'un. Il est à noter que les groupes peuvent réserver un salon privé afin de se retrouver en toute intimité.

♥ Auberge Castel des Prés ✕
5800 boulevard Royal

☎375-4921

L'Auberge Castel des Prés est en fait constituée de deux restaurants différents: le restaurant-bar l'Étiquette (**$$**), où l'on sert une cuisine bistro, et le populaire Chez Claude (**$$$-$$$$**), qui propose une cuisine de tradition française. C'est l'une des bonnes tables de la région. Le chef a d'ailleurs remporté plusieurs prix pour la qualité de sa cuisine. Son menu propose pâtes, viandes et poissons servis avec des sauces riches et savoureuses. En été, une terrasse abritée vous laisse aussi goûter la fraîcheur de la brise.

♥ Le Toscane ✕
$$$
901 rue Royale
☎378-1891

Ce joli restaurant logé dans une maison d'époque est fort apprécié par la population locale pour son excellent rapport qualité/prix. On y sert une cuisine italienne raffinée qui se compose quasi exclusivement de pâtes fraîches et d'escalopes de veau, et dont la force réside dans les sauces poêlées. Le chef surprend agréablement avec son choix d'accompagnements en choisissant des préparations originales et parfois issues d'autres cuisines européennes (par exemple la cuisine allemande!). De plus, les produits régionaux sont mis de l'avant. Le service est attentionné et amical, ce qui attendrit bien l'ambiance guindée inspirée par le décor de bon goût.

Le Lupin ✕
$$$
fermé dim-lun
376 rue St-Georges
☎370-4740

Installé dans une coquette maison ancestrale, le restaurant Le Lupin sert sans doute l'une des meilleures cuisines des environs. En plus de faire d'excellentes crêpes bretonnes, il nous propose des plats de gibier et de perchaude, considérés comme de grandes spécialités de la région.

Gaspard ✕
$$$-$$$$
475 boulevard des Forges
☎691-0680

Le restaurant Gaspard propose de bons plats de fruits de mer et de bœuf. Le décor aux couleurs chaudes et le mobilier de bois créent une atmosphère chaleureuse, propice aux dîners tranquilles.

VICTORIAVILLE

Cactus Resto-bar ✕
$$
139 boulevard Bois-Francs Sud
☎758-5311

Au Cactus, une ambiance chaleureuse se dégage des teintes orangées, des briques et des boiseries, créant une atmosphère légèrement intimiste malgré la grande fréquentation des lieux. De bons plats mexicains, servis en portions généreuses, attirent une clientèle variée. Comme plusieurs restaurants à Victoriaville, ce restaurant se métamorphose en établissement nocturne. Une table de billard complète bien l'atmosphère détendue.

Montérégie

On se rend en Montérégie pour plusieurs raisons: faire du cyclotourisme sur le réseau de voies cyclables le plus étendu du Québec; faire des randonnées pédestres sur les monts Saint-Hilaire et Saint-Bruno; cueillir des pommes à Rougemont; visiter des forts et des lieux historiques le long du Richelieu, et plus encore.

Indicatif régional: 450

LES SÉJOURS

On dénombre quelque 120 établissements d'hébergement touristiques en Montérégie. Brossard et Longueuil en comptent le plus, fait normal puisque ces villes sont situées tout près de Montréal. La majorité des hôtels et des motels de Brossard se trouvent le long du boulevard Taschereau ou du boulevard Marie-Victorin, plusieurs ayant été construits en 1967, année de l'Exposition universelle de Montréal. Longueuil constitue la ville qui a la plus grande infrastructure hôtelière de toute la Montérégie. Les villes de Saint-Jean-sur-Richelieu et de Saint-Hyacinthe sont d'importants centres régionaux avec aussi plusieurs hôtels.

La Montérégie compte aussi de nombreuses auberges sympathiques, en particulier le long de la vallée du Richelieu. À Saint-Marc-sur-Richelieu, vous avez le loisir de choisir entre deux établissements qui bénéficient d'une très grande réputation: l'Hostellerie Les Trois Tilleuls et l'Auberge Handfield et Motels. Le premier occupe une maison de ferme centenaire; relais gastronomique haut de gamme, il fait d'ailleurs partie de la prestigieuse association des Relais & Châteaux. Le second est aussi très particulier, car cette vieille auberge de 150 ans abrite des meubles rustiques ainsi que de nombreuses œuvres d'artistes et d'artisans de la région; d'autre

part, les bateaux de plaisance peuvent utiliser sa marina.

L'Auberge des Gallant, à Sainte-Marthe, est, elle aussi, une auberge très reconnue. Cet établissement propose divers forfaits (golf, théâtre, gourmet, etc.). Vous pouvez pratiquer de nombreuses activités sur les lieux, comme l'équitation, le tennis et la randonnée pédestre. Enfin, notons que L'Auberge est très bien équipée pour les réunions d'affaires (équipement audiovisuel sur place).

Un autre endroit unique est le Manoir Rouville-Campbell, à Mont-Saint-Hilaire; comme son nom l'indique, l'établissement est aménagé dans un ancien manoir seigneurial. Vous serez fort impressionné par la beauté de l'architecture de cette demeure néo-Tudor.

LES DÉLICES

Dans la région des îles de Sorel, de nombreux mets s'apprêtent à base de poisson. À Sainte-Anne-de-Sorel, on prépare la gibelotte (spécialité de la place), d'ailleurs le plus typique de tous ces mets. Il y a même, en été, un festival de la gibelotte.

Pour sortir de l'ordinaire, vous pouvez vous rendre dans la vallée du Richelieu et choisir un restaurant au bord de l'eau. Plusieurs établissements s'entourent de beaux jardins et de terrasses où il fait bon manger par une douce soirée d'été.

Montérégie

0 15 30km

N

© ULYSSE

CENTRE-DU-QUÉBEC

CANTONS-DE-L'EST

LANAUDIÈRE

LAURENTIDES

ONTARIO

ÉTATS-UNIS

Drummondville
Saint-Guillaume
Saint-Nazaire-d'Acton
Saint-Hugues
Sainte-Hélène-de-Bagot
Acton Vale
Roxton Falls
Upton
Saint-Dominique
Saint-Paul-d'Abbotsford
Granby
Waterloo
Saint-Pie
Saint-Simon
Saint-Hyacinthe
Farnham
Bedford
Rougemont
Mont-Saint-Grégoire
Iberville
Henryville
Saint-Blaise
Saint-Ignace-de-Loyola
Saint-Joseph-de-Sorel
Sorel
Sainte-Anne-de-Sorel
Tracy
Yamaska
Saint-Robert
Saint-Ours
Contrecoeur
Saint-Denis
Calixa-Lavallée
Saint-Roch-sur-Richelieu
Saint-Antoine-sur-Richelieu
Saint-Marc-sur-Richelieu
Mont-Saint-Hilaire
Belœil
Saint-Bruno
Chambly
Richelieu
Carignan
Saint-Hubert
Saint-Jean-sur-Richelieu
LaColle
Hemmingford
Saint-Chrysostome
Boucherville
Longueuil
Saint-Lambert
Brossard
Châteauguay
Mercier
Sainte-Martine
Saint-Urbain
Saint-Clotilde
MONTRÉAL
Kahnawake
Île Perrot
Saint-Timothée
Howick
Ormstown
Saint-Antoine-Abbé
Huntingdon
Allan's Corner
LAVAL
Oka
Vaudreuil-Dorion
Hudson
Saint-Lazare
Coteau-du-Lac
Salaberry-de-Valleyfield
Saint-Anicet
Cazaville
Rivière-Beaudette
Dalhousie Station
Saint-Eugène
Rigaud
Hawkesbury
Carillon
Pointe-Fortune

Fleuve Saint-Laurent

227
225
223
221
133
138
132
344
236
34
17
417
10
20
15
13
40

À Saint-Marc-sur-Richelieu, l'Auberge Handfield et Motels sert une excellente cuisine régionale. Cela peut être particulièrement intéressant pour les visiteurs américains ou européens, qui pourront alors vivre une expérience gastronomique originale et se délecter, entre autres, des meilleures recettes de nos grands-mères.

Enfin, pour du haut de gamme (l'établissement étant membre de l'association des Relais & Châteaux), rendez-vous à l'Hostellerie Les Trois Tilleuls, un relais gastronomique où l'on prépare une cuisine française très raffinée. Sa cave à vins s'avère, elle aussi, tout aussi impressionnante.

LES ADRESSES

BELŒIL

Hostellerie Rive Gauche ⊨×
$$$
≡, ◉, ℑ, ℜ
1810 boulevard Richelieu
☎467-4477 ou 888-608-6565
≈467-0525
www.hostellerierivegauche.com
À la sortie 112 de l'autoroute 20 Est, au bord de la rivière Richelieu, se trouve l'Hostellerie Rive Gauche. Cette hostellerie, comptant 22 chambres enjolivées de tons chauds et de toile de lin, offre une vue sur l'eau. Deux courts de tennis sont mis à la disposition de la clientèle. La très agréable salle à manger de l'Hostellerie Rive Gauche (**$$$-$$$$**) est installée sous

une verrière. On y sert des spécialités françaises très bien apprêtées, dans un décor chaleureux. On peut tout aussi bien déguster son repas avec vue sur la montagne et la rivière ou près du foyer.

♥ **Crêperie du Vieux-Belœil** ×
$$
fermé lun
940 boulevard Richelieu
☎464-1726
La Crêperie du Vieux-Belœil apprête, dans un décor champêtre, de généreuses crêpes maison avec de la farine blanche ou de sarrasin, servies avec fruits de mer, jambon ou fromage, selon vos préférences.

CARIGNAN
♥ **Au Tournant de la Rivière** ×
$$$$
fermé lun-mar
5070 rue De Salaberry
☎658-7372
Le restaurant Au Tournant de la Rivière propose un menu gastronomique reconnu par les critiques. Cela fait maintenant plus de 20 ans que cet établissement est ouvert; toutefois, il se maintient chaque année parmi les meilleures tables du Québec. On y propose de succulents plats de cuisine française. Un incontournable pour les amateurs de gastronomie.

CHAMBLY
♥ **Maison Ducharme** ⊨
$$ pdj
≈
10 rue De Richelieu
☎447-1220
≈447-1018
Dans une ancienne caserne du début du XIXe siècle, on a aménagé à deux pas du fort Chambly cet agréable gîte touristique. Décorée avec beaucoup de raffinement, la Maison Ducharme nous plonge, dans un luxe suranné, à une époque où l'on prenait, plus qu'aujourd'hui, le temps de vivre et où chaque détail intérieur était soigné. La Maison dispose d'un vaste terrain au bord de la rivière Richelieu, tout en rapides à cet endroit. Il fait bon en été se prélasser dans son jardin à l'anglaise et profiter de la piscine.

La Maison Bleue ✕

$$$-$$$$
fermé lun
2592 Bourgogne
☎447-1112

Dans ce qui était la grande maison de bois de Thomas Whitehead, on a aménagé un restaurant luxueux aux allures champêtres: La Maison Bleue. Grandes cheminées, planchers de bois peints qui craquent sous les pas, mobilier ancien et accueil comme chez la grand-tante. À l'étage, des salons privés peuvent être réservés, sauf l'été, pour des réunions familiales ou d'affaires. Cuisine française classique.

HUDSON

♥ Clémentine ✕

$$-$$$
398 rue Principale
☎458-8181

Le Clémentine est sans contredit une adresse à connaître pour ceux qui recherchent les meilleures tables du Québec. Membre des Toques blanches internationales, ce petit restaurant situé au cœur du village, dans une magnifique maison aux allures champêtres, propose une cuisine québécoise évolutive. Le service est courtois et amical.

LONGUEUIL

Lou Nissart ✕

$$
fermé dim-lun
260 St-Jean
☎442-2499

Au cœur du Vieux-Longueuil se trouve un charmant petit restaurant. En effet, le Lou Nissart est un endroit où il fait bon se retrouver entre amis afin de savourer sa cuisine provençale. Terrasse.

MONT-SAINT-HILAIRE

♥ Manoir Rouville-Campbell 🛏

$$$$
≡, ≈, ℜ
125 chemin des Patriotes Sud
☎446-6060 ou 800-714-1214
≠446-4878
www.manoirrouvillecampbell.com

Le Manoir Rouville-Campbell a ce petit quelque chose qui confère à certains établissements une atmosphère unique et même, à la limite, mystique. Quand on entre dans le manoir, on a l'impression que le temps s'est arrêté il y a plus d'un siècle. Il faut dire que l'endroit, maintenant vieux de près de 150 ans, a vu plusieurs pages de l'histoire du Québec se tourner. D'abord la demeure d'un seigneur au temps de la colonie, il appartint au major Campbell et à sa descendance pendant plusieurs années, pour ensuite être vendu à une entreprise de construction et finalement être racheté par le célèbre peintre Jordi Bonet, afin de le sauver de la décrépitude. C'est aujourd'hui Yvon Deschamps, célèbre humoriste québécois, qui en est le propriétaire. Le manoir est reconverti en hôtel de luxe depuis 1987. Pour une expérience de la vie de seigneur, c'est l'endroit tout indiqué. La salle à manger, le bar et les jardins avec vue sur le Richelieu ajoutent un plus à ce lieu d'hébergement déjà magique. On y

Manoir Rouville-Campbell

trouve aussi une salle de spectacle: La Boîte à Yvon.

RIGAUD

Sucrerie de la Montagne ✕

$$$$
300 rang St-Georges
☎451-5204

La Sucrerie de la Montagne fait presque partie des attraits touristiques de la région. On y sert une cuisine traditionnelle du temps des sucres, avec les éternelles «oreilles de Christ» et les «œufs dans le sirop». De plus, une troupe de folklore s'occupe de l'ambiance en jouant des rigaudons et des airs de quadrilles. Ouverte toute l'année, cette cabane à sucre vous offre des soirées endiablées.

SAINT-ANTOINE-SUR-RICHELIEU

♥ Le Champagne ✕
$$$$
fermé dim-mar
1000 chemin du Rivage
☎787-2966

Le Champagne se présente comme un vieux château dont l'architecture serait inspirée d'une résidence marocaine. L'intérieur est magnifiquement garni de boiseries et de tables garnies d'argenterie, de verrerie fine et de vaisselle signée, disposées harmonieusement sur des nappes brodées. Vous y dégusterez une savoureuse cuisine française. Réservations requises.

SAINT-BRUNO-DE-MONTARVILLE

La Rabastalière ✕
$$$
fermé lun
125 de la Rabastalière
☎461-0173

La Rabastalière, aménagée dans une chaleureuse maison centenaire, prépare une savoureuse cuisine française classique et présente un menu gastronomique. Ce dernier est composé de six services et varie chaque semaine. Une verrière est également mise à la disposition des gens qui désirent manger en toute quiétude par une journée ensoleillée. Le service est sympathique; le menu, excellent.

SAINT-HYACINTHE

L'Auvergne ✕
$$$
fermé lun ainsi que 2 dernières semaines de juil et 1re semaine d'août
1475 rue des Cascades Ouest
☎774-1881

L'Auvergne figure depuis longtemps parmi les bonnes tables de la région. Comportant deux petites salles, il fait une fine cuisine française. Les dimanches, sauf en été, on y sert le brunch dès 10h.

SAINT-JEAN-SUR-RICHELIEU

♥ Auberge des Trois Rives ⊨
$$
≡, ℜ
297 rue Richelieu
☎358-8077

L'Auberge des Trois Rives est un sympathique établissement aménagé dans une maison rustique. Le rez-de-chaussée renferme un restaurant, et une terrasse offre une vue agréable sur l'eau. Deux étages se partagent 10 chambres décorées de façon modeste mais chaleureuses.

♥ Manneken Pis ✕
$
320 rue De Champlain
☎348-3254

Avec un nom comme Manneken Pis, les gaufres ne sont pas loin, et quelles délicieuses gaufres au chocolat si fin! Les cafés, torréfiés sur place, s'avèrent eux aussi excellents, et c'est avec plaisir qu'on les déguste sur la terrasse devant la petite marina. On y propose aussi des sandwichs et salades.

Le Samuel II ✕
$$-$$$
291 rue Richelieu
☎347-4353

Bien apprécié des gens de la région, Le Samuel II a toujours attiré une clientèle fidèle de connaisseurs appréciant son imaginative cuisine québécoise. S'ouvrant sur le canal navigable de la rivière Richelieu, les grandes baies vitrées permettent de voir défiler les bateaux de plaisance tout en dégustant un délicieux repas. On en ressort toujours enchanté.

♥ Chez Noeser ✕
$$$$
fermé lun-mer
apportez votre vin
236 rue De Champlain
☎346-0811
www.noeser.com

Il y a quelques années, Denis et Ginette Noeser ont quitté Montréal et leur restaurant de la rue Saint-Denis pour s'installer à Saint-Jean-sur-Richelieu et y ouvrir un sympathique restaurant offrant un service des plus agréables et une délicieuse cuisine française classique: Chez Noeser. Durant l'été, une terrasse est mise à la disposition de la clientèle.

SAINT-LAMBERT

Au Vrai Chablis ✕
$$$-$$$$
fermé dim-lun
52 rue Aberdeen
☎465-2795

Au Vrai Chablis, des professionnels de la restauration vous convient à une expérience gastronomique plus que satisfaisante. Le menu, qui change quotidiennement, propose des spécialités francaises extrêmement bien apprêtées par un chef reconnu, Bernard Jacquin.

SAINT-MARC-SUR-RICHELIEU

Auberge Handfield et Motels ⊨
$$-$$$
≡, 🐎, ◉, ⊘, ℑ, ≈, ✿, ℜ, △
555 boulevard Richelieu
☎584-2226
⇄584-3650
www.aubergehandfield.com

Installée dans une fort jolie maison construite en face de la rivière Richelieu, l'Auberge Handfield et Motels est un havre de détente. Elle met à la disposition des visiteurs des équipements tels que le spa et le bâteau-théâtre «L'Escale». Son jardin, aménagé avec soin, a une superbe vue. La décoration des chambres, quoique modeste, s'avère chaleureuse.

♥ Hostellerie Les Trois Tilleuls ⊨
$$$-$$$$
≡, ◉, ⊘, ℑ, ≈, ℝ, ✿, ℜ, △
290 boulevard Richelieu
☎856-7787 ou 800-263-2230
⇄584-3146

L'Hostellerie Les Trois Tilleuls est membre de la prestigieuse association des Relais & Châteaux. Construite au bord de la rivière Richelieu, elle bénéficie d'un site champêtre d'une grande tranquillité. On doit le nom de l'établissement à trois fiers arbres ombrageant la propriété. Les chambres, décorées de meubles rustiques, disposent chacune d'un balcon donnant sur la rivière. À l'extérieur, des jardins et un belvédère sont mis à la disposition de la clientèle, qui a aussi accès à la piscine chauffée. Au restaurant de l'Hostellerie Les Trois Tilleuls ($$$$), on peut savourer certains trésors de la gastronomie française. Le menu, composé avec art, présente des mets traditionnels qui ne manquent pas de raffinement. La salle à manger offre une agréable vue sur la rivière. En été, la terrasse s'avère des plus charmantes.

SAINTE-MARTHE

♥ Auberge des Gallant ⊨
$$$
≡, 🐎, ◉, ⊘, ℑ, ≈, ✿, ℜ, △
1171 chemin St-Henri
☎459-4241 ou 800-641-4241
⇄459-4667
www.gallant.qc.ca

Située au cœur d'un refuge d'oiseaux et de chevreuils, l'Auberge des Gallant offre un grand luxe dans un cadre champêtre des plus agréables. Les chambres sont confortables sans être extraordinaires. Toutefois, pas une minute ne passe sans qu'une attention soit portée à votre confort.

Montréal

La métropole du Québec devient de plus en plus populaire auprès des touristes.

De nombreux facteurs expliquent ce fait, entre autres la vaste gamme d'attraits touristiques majeurs, les nombreux festivals d'envergure de même qu'un taux de change avantageux pour les touristes américains et européens. Quant à l'hébergement, le choix est vaste, mais, surtout, Montréal est l'une des grandes villes du monde où les chambres d'hôtel coûtent le moins cher.

Indicatif régional: 514

LES SÉJOURS 🛏

Montréal compte quelque 150 établissements d'hébergement pour un total d'environ 15 500 chambres. C'est aussi la ville où l'on trouve le plus grand nombre d'hôtels de plus de 300 chambres au Québec. La plupart des grandes chaînes internationales y sont présentes: Holiday Inn et Inter-Continental. Avec ses quelque 1 000 chambres, le Reine-Élisabeth, l'hôtel ayant la plus grande capacité de tout le Québec, s'est acquis un certain prestige; il a accueilli de nombreuses personnalités politiques, des vedettes du cinéma et même John Lennon et Yoko Ono, qui y ont fait un «bed-in» pour la paix en 1967. Un autre établissement de la grande hôtellerie de ce monde est le Ritz-Carlton, qui a pignon sur la rue Sherbrooke, en plein cœur du centre-ville de Montréal; il bénéficie d'une riche tradition presque centenaire. Avec ses quelque 825 chambres, Le Centre Sheraton est un autre des hôtels montréalais à grande capacité.

L'une des particularités des grands hôtels du centre-ville de Montréal est que sept d'entre eux sont reliés au réseau piétonnier souterrain. Cela peut être un grand avantage pendant la saison froide, alors que les touristes ont en effet accès, sans avoir à mettre le nez dehors, à plusieurs restaurants, boutiques, salles de cinéma et plus encore!

Une autre caractéristique de l'hôtellerie montréalaise est le fait que, contrairement à de nombreuses autres grandes villes nord-américaines, les infrastructures d'accueil se composent d'établissements relativement récents; en fait, plusieurs ont été construits après 1967, année où Montréal était l'hôte de l'Exposition universelle, événement qui a mis Montréal «sur la mappemonde».

En dehors du centre-ville, la majorité des grands hôtels et motels sont situés le long des importants axes routiers et des autoroutes de la métropole. On trouve, par exemple, de nombreux établissements près de l'aéroport international de Dorval.

Mais Montréal ne possède pas que de grands hôtels des grandes chaînes reconnues, car vous pouvez aussi loger dans des auberges et hôtels à faible capacité qui ont un caractère propre; en effet, plusieurs sont aménagés à l'intérieur d'anciennes résidences bourgeoises victoriennes du XIXe siècle.

LES DÉLICES ✕

Plus que nulle part ailleurs au Québec, Montréal est la ville où vous pouvez déguster des mets de tous les pays du monde, ou presque! C'est reconnu, Montréal est une ville multiculturelle. En plus de ses restaurants de fine gastronomie française, vous pouvez aussi trouver de nombreux restaurants de cuisine ethnique. Il vous faudrait plus que les 52 fins de semaine d'une année pour en faire le tour. En tant que touriste, vous devez connaître les lieux de restauration incontournables, qui ne sont pas nécessairement gastronomiques mais qui valent la peine d'être essayés. Le boulevard Saint-Laurent a vu naître le célèbre «smoke meat» dont la réputation a traversé les frontières.

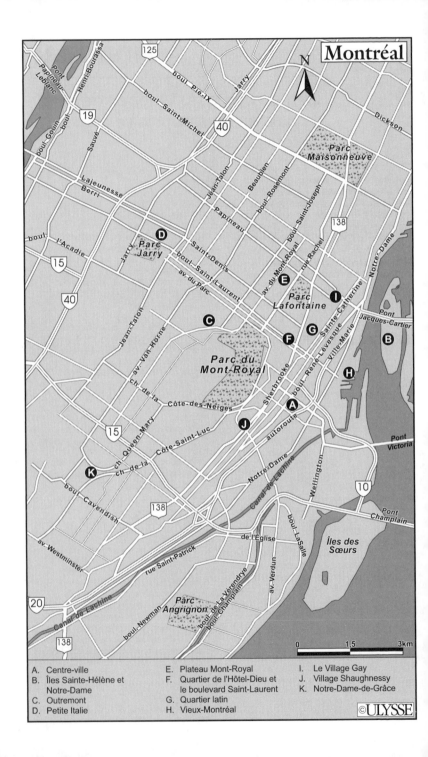

Montréal

A. Centre-ville
B. Îles Sainte-Hélène et Notre-Dame
C. Outremont
D. Petite Italie
E. Plateau Mont-Royal
F. Quartier de l'Hôtel-Dieu et le boulevard Saint-Laurent
G. Quartier latin
H. Vieux-Montréal
I. Le Village Gay
J. Village Shaughnessy
K. Notre-Dame-de-Grâce

©ULYSSE

En dehors du centre-ville, on trouve à Montréal certains secteurs qui regroupent plusieurs restaurants. Notons, entre autres, le boulevard Saint-Laurent, les rues Saint-Denis, Sherbrooke et Crescent, ainsi que la Petite Italie et le quartier chinois.

Un autre avantage de Montréal, c'est que la ville est entourée des plaines les plus fertiles du Québec: fruits, légumes, volailles et viandes de toutes sortes sont des plus frais. Alors que demander de plus?

Enfin, voici une brève liste des meilleures tables de Montréal: le Café de Paris, Les Caprices de Nicolas, Nuances et le Toqué.

LES ADRESSES

CENTRE-VILLE

Hotel Casa Bella
$$ pdj
bc/bp, ≡
264 rue Sherbrooke Ouest
☎849-2777 ou 888-453-2777
⇋849-3650
www.hotelcasabella.com
Située rue Sherbrooke, près de la Place des Arts, à côté d'un terrain vacant, la charmante Casa Bella, une maison centenaire, offre un bon rapport qualité/prix au centre-ville. Les 20 chambres sont jolies, et l'on sent qu'un effort a été

porté à la décoration. Le petit déjeuner est servi aux chambres. Le stationnement et un service de buanderie sont offerts sans frais supplémentaires. L'accueil courtois ajoute aux qualités de l'endroit.

Hôtel Wyndham Montréal
$$$$ pdj
≈, △, ⊙, ℜ, ≡
1255 rue Jeanne-Mance
☎285-1450 ou 800-361-8234
⇋285-1243
www.wyndham.com/montreal
L'Hôtel Wyndham Montréal, l'ancien Méridien, est intégré au complexe Desjardins. Au rez-de-chaussée se trouvent une galerie de boutiques et des restaurants. Situé en face de la Place des Arts, l'Hôtel bénéficie d'un emplacement avantageux au centre-ville, particulièrement pendant le Festival de jazz, qui se tient juste à côté. Ses chambres, vastes et de bon confort, répondent à ce que l'on attend d'un hôtel de cette catégorie et sont munies de plusieurs accessoires qui faciliteront votre séjour.

Delta Montréal
$$$$
≈, △, ⊙, ℜ, ☼, ♿, ≡, 🐾
475 av. du Président-Kennedy
☎286-1986 ou 800-268-1133
⇋284-4342
www.deltamontreal.com
L'hôtel Delta Montréal occupe un bâtiment qui dispose de deux entrées, l'une donnant sur la rue Sherbrooke et l'autre

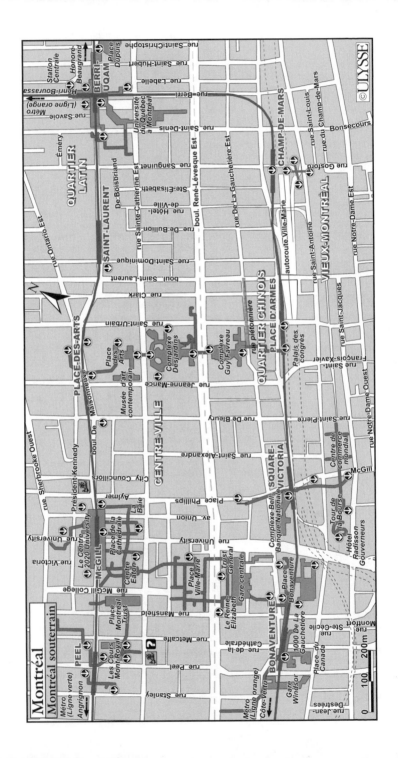

Montréal
Montréal souterrain

Métro
(Ligne verte)
Angrignon

Métro
(Ligne orange)

Métro
(Ligne orange)
Côte-Vertu

0   100   200m

QUARTIER LATIN

SAINT-LAURENT

PLACE-DES-ARTS

CENTRE-VILLE

QUARTIER CHINOIS
PLACE D'ARMES

SQUARE-
VICTORIA

BONAVENTURE

VIEUX-MONTRÉAL

CHAMP-DE-MARS

BERRI-
UQAM

PEEL

McGILL

Place
Dupuis

Station
Centrale

Honoré-
Beaugrand

Henri-Bourassa

rue Saint-Christophe

rue Saint-Hubert

rue La belle

rue-Berri

rue Saint-Denis

Université
du Québec
à Montréal

rue Savoie

Émery

De-Boisbriand

rue Sainte-Catherine Est

Ste-Elisabeth

rue Sanguinet

rue De-Bullion

rue Saint-Dominique

boul. Saint-Laurent

rue Clark

rue Saint-Urbain

boul. René-Lévesque Est

rue De-La-Gauchetière Est

rue Hôtel-
de-Ville

rue Ontario Est

Place
des
Arts

Musée d'art
contemporain

Complexe
Desjardins

Complexe
Guy-Favreau

rue Jeanne-Mance

rue piétonnière

Palais des
congrès

autoroute Ville-Marie

rue Saint-Antoine

rue Saint-Pierre

rue De Bleury

rue Saint-Alexandre

Place Phillips

av. Union

rue University

Centre de
commerce
mondial

McGill

rue Saint-
François-Xavier

rue Saint-Jacques

rue Notre-Dame Ouest

rue Saint-Louis

rue du Champ-de-Mars

Bonsecours

rue Gosford

rue Notre-Dame Est

rue Sherbrooke Ouest

boul. De Maisonneuve

Le Centre
2020 University

Place de la
Cathédrale

La Baie

President-Kennedy

City Councillors

Aylmer

rue University

rue Victoria

rue Peel

rue Metcalfe

rue Mansfield

rue Stanley

Les Cours
Mont-Royal

Place
Montréal
Trust

Centre
Eaton

McGill College

Place Ville-Marie

Trust
Général

Gare centrale

Le Reine
Elizabeth

1000 De La
Gauchetière

rue de la
Cathédrale

Place
Bonaventure

Gare
Windsor

Place-
du-Canada

rue Ste-Cécile

rue Jean-
Destrées

Montfort

Complexe
Banque Nationale

Tour de
la Bourse

Hôtel
Radisson
Gouverneurs

sur l'avenue du Président-Kennedy. Il propose des chambres agréables et joliment garnies de meubles en bois de couleur acajou.

Novotel Montréal Centre ⊨

$$$$

☺, ℜ, △, 🚻, ≡, ✪

1180 rue de la Montagne

☎861-6000 ou 800-221-4542

≠861-0992

www.novotel.com

La chaîne hôtelière Novotel, d'origine française, a pignon sur rue à Montréal. Elle vise à répondre aux besoins de sa clientèle de gens d'affaires en proposant des chambres comprenant un bureau de travail spacieux et une prise pour modem. Elle s'adresse également à une clientèle familiale en proposant des rabais pour les enfants. L'accent est mis sur la sécurité. L'hôtel propose des chambres non-fumeurs.

♥ Hilton Montréal Bonaventure ⊨

$$$$

🚻, ☺, ℜ, ≈, ≡, 🐕

1 Place Bonaventure

☎878-2332 ou 800-267-2575

www.hiltonmontreal.com

À l'hôtel Hilton Montréal Bonaventure, les 395 chambres offrent plusieurs petits avantages (séchoir électrique, machine à café), ce qui en fait un endroit idéal pour la détente aux limites du centre-ville et du Vieux-Montréal. Il est possible de se baigner, même au cours de l'hiver, dans la piscine extérieure chauffée. L'hôtel dispose d'un charmant jardin et d'un accès à la ville souterraine.

Le Centre Sheraton ⊨

$$$$$

⊛, ≈, ☺, △, 🚻, ✪, ℜ, ≡

1201 boul. René-Lévesque Ouest

☎878-2000 ou 800-325-3535

≠878-3958

Le Centre Sheraton s'élève sur plus de 30 étages et dispose de 825 chambres; il a donc une très grande capacité d'accueil. En entrant, prenez le temps de profiter du très beau hall orné de baies vitrées et de plantes tropicales. Les chambres, quant à elles, présentent une jolie décoration et

Cathédrale Marie-Reine-du-Monde

révèlent plusieurs petits avantages (machine à café, séchoir électrique, sur étages non-fumeurs) qui ajoutent à leur confort. Certaines sont même très bien équipées pour les gens d'affaires.

Le Reine-Élizabeth ⊨✕

$$$$$

🚻, ℜ, ≈, ☺, ≡

900 boul. René-Lévesque Ouest

☎861-3511 ou 800-441-1414

≠954-2256

www.fairmont.com

Le Reine-Élizabeth fait partie des institutions hôtelières du centre-ville montréalais qui se sont démarquées au cours des ans. L'hôtel, comptant 1 050 chambres, a récemment été incorporé à la chaîne hôtelière Fairmont. Son hall orné de boiseries est splendide. Au rez-de-chaussée se trouve une galerie de boutiques, d'où, grâce aux couloirs souterrains, on rejoint aisément la gare ferroviaire ainsi que le Montréal souterrain. De magnifiques boiseries confèrent une atmosphère raffinée au restaurant de renommée internationale qu'est le Beaver Club ($$$$), un atout incomparable pour le grand hôtel montréalais où il est établi. Sa table d'hôte variable peut aussi bien comporter du homard frais que de fines coupes de bœuf ou de gibier. Tout y est préparé avec le plus grand soin, et une attention de tous les instants est portée aux moindres détails, présentation comprise. Il y a même un sommelier à demeure, et vous pourrez y danser le samedi soir.

♥ Ritz-Carlton ⊨×
$$$$$
⊘, ℜ, ≡, ℂ, ◉, ℑ
1228 rue Sherbrooke Ouest
☎842-4212 ou 800-363-0366
⇄842-2268
www.ritzcarlton.com

Le Ritz-Carlton fut inauguré en 1912 et n'a cessé depuis de s'embellir, afin d'offrir à sa clientèle un confort toujours supérieur tout en conservant son élégance et son charme d'antan. Dignes d'un établissement de grande classe, les chambres sont décorées de superbes meubles anciens et offrent un excellent confort. Un excellent restaurant se double en été d'un agréable jardin où l'on peut casser la croûte. Le Jardin du Ritz (**$$$$**) est l'endroit rêvé pour se soustraire aux chaleurs estivales ainsi qu'à l'activité grouillante du centre-ville. On y déguste les classiques de la cuisine française, et l'on prend le thé devant un étang entouré de fleurs et de verdure où s'ébattent des canards. Clientèle diversifiée. Ouvert seulement pendant la belle saison. Le jardin est le prolongement de l'autre restaurant de l'hôtel, Le Café de Paris. Prendre un repas dans ce jardin vous assure d'un moment de pur bonheur.

Hôtel Omni Mont-Royal ⊨
$$$$$
≈, △, ⊘, ℜ, ≡, 🐩
1050 rue Sherbrooke Ouest
☎284-1110 ou 800-843-6664
⇄845-3025
www.omnihotels.com

Faisant partie des hôtels les plus réputés de Montréal, l'Hôtel Omni Mont-Royal dispose de chambres spacieuses et très confortables. Toutefois, les chambres régulières ont un décor banal, et les salles de bain sont bien petites pour un établissement de cette réputation. Il abrite d'excellents restaurants et dispose d'une piscine extérieure ouverte toute l'année.

♥ Loews Hôtel Vogue ⊨
$$$$$
◉, ℜ, ⊘, ≡
1425 rue de la Montagne
☎285-5555 ou 800-465-6654
⇄849-8903
www.loewshotels.com/vogue.html

Au premier abord, le bâtiment de verre et de béton sans ornement qui abrite le Loews Hôtel Vogue peut sembler dénué de grâce. Le hall, agrémenté de boiseries aux couleurs chaudes, donne une idée plus juste du luxe et de l'élégance de l'établissement. Mais avant tout, ce sont les vastes chambres, garnies de meubles aux lignes gracieuses, qui révèlent le confort de l'hôtel.

Hôtel Le Germain ⊨
$$$$$
ℜ, ≡, ⊘, 🐩
2050 rue Mansfield
☎849-2050 ou 877-333-2050
⇄849-1437
www.hotelboutique.com

En plein cœur de l'animé centre-ville se dresse une ancienne tour à bureaux reconvertie en hôtel: l'Hôtel Le Germain. Cet établissement fait partie de la nouvelle vague d'hôtels-boutiques, où le service est personnalisé et où une attention particulière a été portée à la décoration. Chaque chambre est aménagée avec soin, dans un style minimaliste où règnent les tons terreux et crème, les meubles en bois d'acajou en osier et les jolis accessoires. Le tout donne un effet des plus reposants. L'usage qu'on fit d'abord de l'édifice n'est pas pour autant délaissé puisqu'il se retrouve dans certains détails architecturaux, tels les plafonds en béton, ou fonctionnels, comme les tables de travail équipées d'accès Internet et de fauteuils ergonomiques. Les chambres occupant l'angle du bâtiment jouissent d'une belle fenestration. Mais c'est sans doute le restaurant de l'hôtel qui offre la plus belle vue, puisque, devant l'un de ses murs, entièrement vitré, se déroule l'avenue du Président-Kennedy.

Marché Mövenpick ×
$-$$
1 Place Ville-Marie
☎861-8181

Le Marché Mövenpick est un concept unique réunissant tout à la fois un marché traditionnel et une cafétéria, où vous devez présenter à chaque cuistot un carton sur lequel il indique vos choix, que vous payerez en sortant. Plusieurs options s'offre à vous, dès lors que des comptoirs de mets variés des quatre coins du monde, de tous les prix et à base d'ingrédients on ne peut plus frais sollicitent vos papilles à qui mieux mieux. La nourriture est excellente (compte tenu du fait qu'il s'agit de restauration rapide) et comprend aussi bien des potages asiatiques que du «bami goreng» indonésien, des pizzas sur mesure, du poisson, des fruits de mer, des biftecks, des soupes, des salades et des desserts. Notez toutefois que l'endroit peut devenir très affairé et qu'on a parfois du mal à trouver une table. Cette chaîne de restauration suisse gagne de plus en plus de terrain en Amérique du Nord.

♥ Le Commensal ✕
$$
1204 av. McGill College
☎871-1480

Le restaurant Le Commensal a opté pour une formule buffet. Les plats, tous végétariens, sont vendus au poids. Son décor moderne et chaleureux, ainsi que ses grandes fenêtres sur le centre-ville, en font un endroit agréable. Ouvert tous les jours, jusque tard le soir.

♥ Café du Nouveau Monde ✕
$$
84 rue Ste-Catherine Ouest
☎866-8669

Quel bel ajout dans ce secteur que ce Café du Nouveau Monde, où il fait bon simplement prendre un verre, un café ou un dessert dans le décor déconstructiviste du rez-de-chaussée ou encore un bon repas à l'étage, où l'atmosphère rappelle les brasseries parisiennes. Le menu s'associe au décor et propose les classiques de la cuisine française de bistro. Service impeccable, belle présentation et cuisine irréprochable, que demander de plus?

Le Paris ✕
$$
1812 rue Ste-Catherine Ouest
☎937-4898

Le Paris est le restaurant tout indiqué pour savourer quelques-unes des spécialités de la cuisine française, particulièrement si vous aimez le boudin, le foie de veau ou le maquereau au vin blanc, tout en désirant en prime profiter d'une ambiance décontractée et sympathique. Côté décoration, l'endroit n'a pas changé depuis des années. La carte des vins, quant à elle, est bien garnie et se veut au goût du jour.

L'Actuel ✕
$$-$$$
lun-sam
1194 rue Peel
☎866-1537

L'Actuel, le plus belge des restaurants montréalais, ne désemplit pas midi et soir. On y trouve deux salles, dont une grande assez bruyante et très animée où se pressent des garçons affables parmi les gens d'affaires. La cuisine propose évidemment des moules, mais aussi plusieurs autres spécialités.

Da Vinci ✕
$$-$$$
1180 rue Bishop
☎874-2001

Le Da Vinci est un restaurant familial qui s'adresse à une clientèle huppée, y compris, soit dit en passant, quelques grands du hockey, présents et passés. Le menu italien classique ne prétend pas dévoiler de grandes découvertes, mais tous les plats sont préparés avec soin à partir d'ingrédients de première qualité. Quant à la carte des vins, elle se veut étendue, et vous y trouverez sûrement le cru tout indiqué pour accompagner votre repas. Un éclairage riche et feutré mettant en valeur des tables magnifiquement dressées confère aux lieux un air de raffinement on ne peut plus invitant.

Wienstein 'n' Gavino's Pasta Bar Factory Co. ✕
$$-$$$
1434 rue Crescent
☎288-2231

Le Wienstein 'n' Gavino's Pasta Bar Factory Co. exhibe un beau décor aux murs de briques apparentes, aux sols carrelés à la méditerranéenne et aux conduits de ventilation visibles au plafond, le tout dans un édifice flambant neuf que l'on perçoit volontiers comme s'il faisait partie du décor montréalais depuis nombre d'années déjà. Chaque table se voit garnie d'une miche de pain français tout frais qu'on peut tremper dans de l'huile d'olive et aromatiser d'ail grillé. Côté menu, les pizzas sont respectables, mais sans éclat ni grande distinction, tandis que les plats de pâtes sont franchement délicieux, surtout ceux au gorgonzola et à l'aneth. Le vivaneau rouge en papillotte ne donne pas non plus sa place.

Le Caveau ✕
$$-$$$
2063 rue Victoria
☎844-1624
Le restaurant Le Caveau, qui semble
caché derrière les gratte-ciel du centre-
ville, a été aménagé dans une coquette
maison blanche. On y élabore avec art
des plats d'une cuisine française raffinée.

Altitude 737 ✕
$$-$$$
mar-sam dès 17h
1 Place Ville-Marie
☎397-0737
Situé au 46ᵉ étage (à 737 pieds d'altitude)
de la Place Ville-Marie, le restaurant Club
Lounge 737 est pourvu de grandes fenêtres qui permettent de jouir d'une vue
imprenable sur Montréal et ses environs.
On y sert un buffet de cuisine française.
Notez toutefois qu'ici les prix sont aussi
élevés que le restaurant ne l'est lui-même.

Quartier chinois

Chez Chine ✕
$$$
99 av. Viger Ouest
☎878-9888
L'hôtel Holiday Inn Select, qui s'élève aux
limites du quartier chinois, renferme un
restaurant digne de ce quartier, Chez
Chine, qui propose de délicieuses spéciali-
tés... chinoises. La salle à manger, fort

vaste, est aménagée à côté de la récep-
tion; aussi, afin d'enrayer l'atmosphère
quelque peu impersonnelle qui pourrait
émaner de cette pièce sans fenêtres,
s'agrémente-t-elle d'une jolie décoration.
Les tables sont réparties aux abords d'un
grand bassin au centre duquel a été érigée
une pagode (où se trouve une grande
table). Il est également possible de réser-
ver de petits salons attenants, parfaits pour
les réceptions privées.

♥ Julien ✕
$$$
lun-sam
1191 rue Union
☎871-1581
Un classique à Montréal, Julien est reconnu pour servir une des meilleures bavettes
à l'échalote en ville. Mais on ne s'y rend
pas uniquement pour savourer une bavette, car les plats y sont tous plus succulents les uns que les autres. D'ailleurs, ici
tout est impeccable: le service, la décoration et même la carte des vins. Réservations recommandées.

Katsura ✕
$$$
2170 rue de la Montagne
☎849-1172
Au cœur du centre-ville, le Katsura vous
fait découvrir les délices d'une cuisine
japonaise raffinée. La salle principale est
meublée de longues tables, parfaites pour
recevoir les groupes. On peut également
opter pour les petites salles, plus intimes.

Maison George Stephen ✕
$$$
juil et août fermé
1440 rue Drummond
☎849-7338
Fondée en 1884, la Maison George Ste-
phen abrite un club privé, le Mount Ste-
phen Club, qui ouvre ses portes au public
uniquement le dimanche pour un brunch
musical. Son décor semble s'être figé dans
l'histoire, avec ses murs superbement
lambrissés et ornés de vitraux du XIXᵉ
siècle. Vous aurez le privilège de vous
délecter le palais tout en vous laissant
bercer l'oreille par des airs de musique
classique interprétés par des étudiants du
Conservatoire.

La Troïka ✕
$$$
2171 rue Crescent
☎849-9333

La Troïka est un restaurant russe dans la plus pure tradition. Dans un décor tout en tentures, en recoins et en souvenirs, un accordéoniste épanche sa nostalgie du pays. Les repas sont excellents et authentiques.

Zen ✕
$$$-$$$$
1050 rue Sherbrooke Ouest
☎499-0801

Le décor du Zen est moderne et minimaliste à l'extrême. On pourrait presque dire qu'il suscite une expérience... zen. Les succulents mets chinois qu'on y propose sont merveilleusement bien présentés, et, si vous avez du mal à fixer votre choix, laissez-vous tenter par l'«Expérience Zen» ($$$), qui offre un choix illimité de petites portions à même les quelque 40 sélections du menu.

♥ Les Caprices de Nicolas ✕
$$$$
fermé le midi
2072 rue Drummond
☎282-9790

Les Caprices de Nicolas s'inscrit au palmarès des meilleurs restaurants de Montréal. On y fait une cuisine très raffinée, française et innovatrice jusqu'au bout des doigts. Heureuse formule: pour le prix d'une bouteille de vin, on peut prendre différents vins au verre pour accompagner chacun des plats. Service irréprochable mais sans prétention et décor de jardin intérieur.

ÎLES SAINTE-HÉLÈNE ET NOTRE-DAME

♥ Hélène de Champlain ✕
$$$
☎395-2424

À l'île Sainte-Hélène, le restaurant Hélène de Champlain bénéficie d'un site enchanteur, sans doute un des plus beaux à Montréal. La grande salle, pourvue d'un foyer, s'avère des plus agréables. Chaque coin de la salle à manger possède un charme bien à lui, et l'on peut y profiter des paysages extérieurs qui varient au gré des saisons. La cuisine n'y est pas gastronomique, mais on mange bien. Le service est empressé et courtois.

Casino de Montréal

Festin des Gouverneurs ✕
$$$$
Fort de l'île Sainte-Hélène
☎879-1141

Au Festin des Gouverneurs, on recrée un festin tel qu'on en organisait en Nouvelle-France au début de la colonisation. Des personnages en costumes d'époque et des plats de la cuisine québécoise traditionnelle font revivre aux convives ces soirées de fête. Seuls les groupes sont reçus, aussi les réservations sont-elles nécessaires.

♥ Nuances ✕
$$$$
tlj 17h30 à 23h
Casino de Montréal, île Notre-Dame
☎392-2708 ou 800-665-2274, poste 4322

Juché au cinquième étage du Casino de Montréal, le Nuances compte parmi les meilleures tables de la ville, voire du Canada. Dans un riche décor où se côtoient acajou, laiton, cuir et vue sur les lumières de la ville, cet établissement de prestige propose une cuisine raffinée et imaginative. Ainsi, on notera sur le menu la brandade crémeuse de homard en millefeuille et la brochette de caille grillée, comme entrée, ainsi que le magret de canard rôti, la longe d'agneau du Québec ou la polenta rayée entourée d'une grillade mi-cuite de thon, pour la suite. Les desserts, savoureux, sont quant à eux présentés de façon spectaculaire. Le cadre feutré et classique de ce restaurant ayant remporté plusieurs honneurs prestigieux depuis son ouverture convient bien aux dîners d'affaires, mais aussi aux occasions spéciales et aux grandes demandes... Il est à noter que le Casino possède également quatre autres restaurants à formules plus économiques: le Via Fortuna (**$$**), un restaurant italien; L'Impair (**$**), avec buffet; La Bonne Carte (**$$**), avec buffet et menu à la carte; le casse-croûte L'Entre-Mise (**$**).

OUTREMONT

♥ Café Souvenir ✕
$
1261 av. Bernard Ouest
☎948-5259

Des plans de quelques grandes villes européennes, notamment Paris, ornent les murs du Café Souvenir. D'ailleurs, une ambiance de café français se dégage de ce petit resto sympa, ouvert 24 heures par jour la fin de semaine. Les dimanches pluvieux, les Outremontais y viennent nombreux, juste le temps d'une petite causerie. Le menu n'a rien d'extravagant, mais les plats sont bons.

♥ La Croissanterie ✕
$
5200 rue Hutchison
☎278-6567

Charmant café, La Croissanterie est un de ces trésors de quartier qu'on découvre avec ravissement. De petites tables en marbre, des lustres vieillots et des boiseries composent un décor propice aux petits déjeuners qui se prolongent et aux tête-à-tête où l'on voudrait que le temps s'arrête. De grandes fenêtres s'ouvrent sur l'extérieur et permettent au soleil matinal d'entrer. Ce café semble appartenir à une époque révolue! Quartier oblige, la clientèle se compose d'artistes rêveurs et de professeurs distraits.

La Moulerie ✕
$$
1249 av. Bernard Ouest
☎273-8132

La Moulerie fait partie des institutions outremontaises en raison de son menu, où figurent en bonne place (on s'en serait douté) les moules, toujours apprêtées d'excellente façon (marinières, au roquefort ou Madagascar). Il faut cependant savoir que ces délicieux mollusques ne justifient pas à eux seuls la popularité du restaurant, car l'aménagement des lieux y est aussi pour quelque chose. Le resto possède en effet une élégante salle à manger pourvue de grandes baies vitrées, qui donnent sur l'avenue Bernard, et surtout une magnifique terrasse, très courue pendant la belle saison. Les personnes

n'aimant pas les moules ne seront pas en reste, car un menu spécial est prévu à leur intention (steak tartare, fruits de mer).

Milos ✕
$$$$
5357 av. du Parc
☎272-3522

Le Milos peut en remontrer aux innombrables brochetteries grecques ayant pignon sur rue à Montréal, car on élabore ici une authentique cuisine grecque. La réputation de cet établissement repose fermement sur la qualité de ses poissons et fruits de mer provenant de tous les coins du globe, d'une fraîcheur invariablement exceptionnelle. Le décor préserve le charme de la simple «psarotaverna» que ce restaurant était à ses débuts, tout en affichant une certaine élégance rustique à même de plaire à sa riche clientèle. Les portions se veulent généreuses, mais, s'il vous reste un peu de place pour le baklava traditionnel, vous ne serez pas déçu.

PETITE ITALIE

Café Italia ✕
$
6840 boul. St-Laurent
☎495-0059

On ne va pas au Café Italia pour sa décoration, les chaises dépareillées et le téléviseur occupant l'essentiel de l'espace, mais pour son atmosphère sympathique, ses excellents sandwichs et surtout son cappuccino, considéré par certains comme le meilleur en ville.

♥ Le Petit Alep ✕
$-$$
191 rue Jean-Talon Est
☎270-9361

Mouhamara, taboulé, hoummous, feuilles de vigne, shish kebab, shish taouk, l'eau vous vient à la bouche? Sachez que tous ces mets du Proche-Orient et de l'Afrique du Nord sont servis au Petit Alep. Baptisé «Petit» en raison de son grand frère attenant, ce café-bistro sert une cuisine principalement syrienne, aux goûts savoureux. Laissez vos papilles s'imprégner tour à tour de miel, d'huile ou de poivre de cayenne. Le décor rappelle un loft avec sa grande porte de garage donnant sur la rue Jean-Talon. Les murs se parent d'expositions temporaires, souvent intéressantes. Des revues et journaux sont disponibles pour inciter à la flânerie. Brunch les fins de semaine.

Casa Cacciatore ✕
$$$
170 rue Jean-Talon Est
☎274-1240

La Casa Cacciatore perpétue la tradition culinaire italienne à Montréal depuis nombre d'années, et ce, à deux pas du marché Jean-Talon. Décor chaleureux et intime, nappes en tissu, bougies sur les tables et service professionnel. Pâtes et viandes de qualité, apprêtées avec soin par le chef, composent un menu alléchant et varié. Réservations recommandées.

Il Mulino ✕
$$$
236 rue St-Zotique Est
☎273-5776

De nombreux Italiens se rendent chez Il Mulino afin de savourer une cuisine typique.

PLATEAU MONT-ROYAL

♥ B & B Bienvenue ⌂
$$ pdj
bc/bp
3950 av. Laval
☎844-5897 ou 800-227-5897
⇄844-5894
www.bienvenuebb.com

À deux pas de l'avenue Duluth se trouve le B & B Bienvenue. Situé sur une rue tranquille, cet établissement dispose de huit chambres avec grand lit plutôt petites, mais décorées de façon charmante. Il est installé depuis une dizaine d'années dans une maison joliment entretenue d'où se dégage une atmosphère paisible et amicale. Le petit déjeuner, très copieux, est servi dans une agréable salle à manger.

♥ Pierre et Dominique ⌂
$$ pdj
bc
271 rue du Square St-Louis
☎286-0307
www.pierdom.qc.ca

Le square Saint-Louis est un agréable parc entouré de superbes maisons victoriennes. Le gîte touristique Pierre et Dominique y a pignon sur rue. Ce gîte touristique non-fumeurs propose des chambres confortables et décorées avec beaucoup de goût.

Tampopo ✕
$-$$
4449 Mentana
☎526-0001

La minuscule salle du Tampopo ne déroge pas. Pratiquement à toute heure, on y trouve quantité de gens du Plateau et d'ailleurs venus se rassasier d'un bon plat de cuisine asiatique. Les copieuses soupes tonkinoises côtoient sur la carte une série de plats de nouilles. Derrière le comptoir, les cuistots s'affairent devant d'énormes woks dans lesquels ils font sauter légumes, viandes et fruits de mer pour les servir juste à point. Prenez place sur de petits tabourets devant ce comptoir ou par terre sur une natte à l'une des trois tables basses, et ne manquez pas de savourer aussi le décor aux accents orientaux!

Los Altos ✕
$$
124 rue Prince-Arthur E.
☎843-6066

Los Altos est un des restaurants les plus intéressants de la rue piétonne Prince-Arthur, autrement peu réputée pour la qualité des cuisines. En été, des tables sont agréablement disposées à l'avant de l'établissement et agrémentées de chandelles. Les serveurs, mexicains pour la plupart, vont de l'une à l'autre avec des plats de bonne qualité et bien présentés. Le menu propose exclusivement des spécialités du pays de Moctezuma, y compris le poulet «mole poblano», au cacao et aux épices, le tout à prix raisonnable.

917 ✕
$$
fermé le midi
apportez votre vin
917 rue Rachel Est
☎524-0094

Pour une bonne cuisine française à prix abordable, pensez au 917. Les grands miroirs qui ornent ses murs, ses tables rapprochées ainsi que ses garçons en tablier lui confèrent une ambiance bistro qui sied tout aussi bien à sa cuisine. Les abats, rognons et ris de veau, y sont particulièrement bien réussis. Des délices qui fondent dans la bouche!

♥ Chu Chai ✕
$$
4088 rue St-Denis
☎843-4194

Le Chu Chai ose innover, et il faut l'en féliciter. Tant de restaurants ressemblent à tous les autres! Ici on a imaginé une cuisine thaïlandaise végétarienne qui donne dans le pastiche: crevettes végétariennes, poisson végétarien et même bœuf ou porc végétarien. L'imitation est extraordinaire, au point qu'on passe la soirée à se demander comment c'est possible. La chef peut vous expliquer qu'il s'agit vraiment de produits végétaux comme le seitan, le blé, etc. Le résultat est délicieux et ravit la clientèle diversifiée qui se presse dans sa salle modeste ou sur la terrasse. Le midi, le restaurant propose une table d'hôte économique. Notez aussi qu'il y a un comptoir de restauration rapide: c'est sur le pouce, mais c'est la même nourriture de qualité qui y est servie!

♥ Côté Soleil ✕
$$
fermé lun en hiver
3979 rue St-Denis
☎282-8037

Ce restaurant propose chaque jour un menu différent qui ne déçoit jamais. Voilà de la bonne cuisine française, inventive à l'occasion, à petit prix, tellement qu'on n'hésitera pas à dire qu'il s'agit probablement du meilleur rapport qualité/prix du secteur. Le service empressé, toujours souriant, se fait dans un décor simple mais chaleureux. Pendant la belle saison s'y ajoutent deux terrasses... ensoleillées: l'une sur la rue animée et l'autre dans le joli jardin.

Fondue mentale ✕
$$
fermé le midi
4325 rue St-Denis
☎499-1446

Fondue Mentale est installée dans une belle maison ancienne typique du Plateau Mont-Royal, rehaussée de superbes boiseries. Comme son nom l'indique, les fondues ici sont à l'honneur, des fondues toutes plus intéressantes les unes que les autres. Mentionnons particulièrement la fondue suisse au poivre rose.

Le jardin de Panos ✕
$$
apportez votre vin
521 av. Duluth Est
☎521-4206

À la brochetterie grecque Le jardin de Panos, on sert une cuisine grecque simple, préparée à partir d'ingrédients de qualité. Le restaurant est établi dans une maison disposant d'une vaste terrasse fort agréable en été.

Ouzeri ✕
$$
4690 rue St-Denis
☎845-1336

L'Ouzeri s'est donné pour objectif d'offrir à sa clientèle une cuisine grecque recherchée: mission accomplie. La cuisine est excellente et recèle plusieurs surprises, comme la moussaka végétarienne et les pétoncles au fromage fondu. Avec son plafond très haut et ses longues fenêtres, cet établissement constitue un endroit agréable où l'on risque de s'éterniser, surtout quand la musique nous plonge dans la rêverie.

Vents du Sud ✕
$$
apportez votre vin
323 rue Roy Est
☎281-9913

Ah! les vents du sud! Chauds, doux, porteurs de mille et une odeurs alléchantes... Au cœur de l'hiver, si vous ne venez pas à bout du froid et surtout si vous avez besoin d'un bon repas copieux, pensez à ce petit resto basque. La cuisine basque, où règnent la tomate, le poivron rouge et l'oignon, est consistante et savoureuse. Et si vous avez encore besoin de vous réchauffer à la fin du repas, le sympathique patron se fera un plaisir de vous expliquer les règles du jeu de pelote basque!

très animée avec beaucoup de va-et-vient, ce qui peut donner lieu à d'agréables rencontres. Le menu affiche des plats de bistro généralement savoureux, mais on doit parfois déplorer un service approximatif.

♥ Continental ✕
$$-$$$
fermé le midi
4169 rue St-Denis
☎845-6842

Quelle subtile mise en scène que celle du Continental! L'établissement séduit carrément, certains soirs, avec son personnel attentif et courtois, sa clientèle branchée et son décor «années 1950» contemporanéisé. Le menu varié vous réserve toujours quelques belles surprises. La cuisine peut être sublime, et les présentations se révèlent toujours des plus soignées.

Le Flambard ✕
$$-$$$
fermé le midi
apportez votre vin
851 rue Rachel Est
☎596-1280

Sympathique bistro décoré de boiseries et de miroirs, Le Flambard excelle dans l'élaboration d'une cuisine française de qualité. L'endroit est fort charmant, mais l'étroitesse du local et la proximité des voisins laissent peu de place à l'intimité.

♥ Laloux ✕
$$-$$$
250 av. des Pins Est
☎287-9127

Établi dans une superbe demeure, le Laloux est aménagé comme un chic et élégant bistro parisien. On peut y déguster une cuisine nouvelle qui ne déçoit jamais, l'une des meilleures à Montréal.

♥ Misto ✕
$$-$$$
929 av. du Mont-Royal Est
☎526-5043

Le Misto est un restaurant italien couru par une clientèle branchée qui vient y manger une délicieuse cuisine italienne imaginative. Dans ce grand et chaleureux local paré de briques et décoré dans les tons de vert, l'atmosphère bruyante et les tables très rapprochées n'enlèvent rien au service attentionné et sympathique.

Khyber Pass ✕
$$
apportez votre vin
506 av. Duluth Est
☎849-1775

L'exotique et chaleureux restaurant Khyber Pass propose une cuisine traditionnelle afghane. Les entrées ouvrent la voie à un amalgame de saveurs étonnantes et recherchées. Les bouchées de citrouille nappées d'une sauce au yogourt, menthe et ail, ainsi que les raviolis bouillis, couverts d'une sauce aux tomates et aux lentilles, sont particulièrement réussis. L'agréable découverte se poursuit avec un choix de grillades d'agneau, de bœuf et de poulet, dont la marinade se marie parfaitement au parfum du riz qui les accompagne. Le service est attentionné, et, l'été, une terrasse est mise à la disposition des clients.

♥ Café Cherrier ✕
$$-$$$
3635 rue St-Denis
☎843-4308

Lieu de rencontre par excellence de tout un contingent de professionnels dans la quarantaine, la terrasse et la salle du Café Cherrier ne désemplissent pas. L'atmosphère de brasserie française y est donc

Un Monde Sauté ✕
$$-$$$
1481 av. Laurier E.
☎590-0897
Ce resto au concept original n'en finit plus de faire jaser. L'idée est pourtant simple: un menu inspiré des cuisines du monde (essentiellement des sautés, d'où le nom), un décor chaleureux tout en couleurs et un service d'une gentillesse irréprochable. Une touche d'exotisme qui ensoleillera même les plus froides journées d'hiver.

La Raclette ✕
$$-$$$
apportez votre vin
1059 rue Gilford
☎524-8118
Restaurant de quartier très prisé par les belles soirées d'été en raison de son attrayante terrasse, La Raclette plaît aussi pour son menu, où l'on retrouve des plats tels que la raclette (bien sûr), mais aussi l'émincé de porc zurichois ou le saumon à la moutarde de Meaux et le clafoutis aux cerises. Les personnes ayant un solide appétit peuvent opter pour le menu «dégustation», qui comprend l'entrée, la soupe, le plat principal, le dessert et le café.

Restorante-Trattoria Carissima ✕
$$-$$$
222 av. du Mont-Royal Est
☎844-7283
Le Carissima est un bon restaurant italien qui a ouvert ses portes à l'automne 1998. Son intérieur de bois foncé est rehaussé d'un chaleureux foyer, et sa salle à manger se pare de grandes fenêtres coulissantes s'ouvrant sur l'avenue du Mont-Royal. Les prix s'avèrent raisonnables, et l'on propose une table d'hôte en semaine. Bon choix de desserts. Des produits italiens disposés sur des étagères de bois foncé près de la cuisine sont également en vente.

Souvenirs d'Afrique ✕
$$$
844 av. du Mont-Royal Est
☎598-8181
Depuis les tajines marocains jusqu'aux grillades camerounaises, en passant par les ragoûts zimbabwéens, Souvenirs d'Afrique réussit à merveille son tour culinaire du continent qui fut le berceau de l'humanité. L'ambiance joyeuse émanant du décor, de la musique et du service des plus sympa-thiques, confère à cet établissement un charme indéniable. Souvenirs d'Afrique est l'endroit de prédilection pour s'initier à une cuisine savoureuse et réconfortante.

♥ L'Express ✕
$$$
3927 rue St-Denis
☎845-5333
Lieu de rencontre par excellence des yuppies vers 1985, L'Express demeure très apprécié pour son décor de wagon-restaurant, son atmosphère de bistro parisien animé, que peu ont su reproduire, et son menu toujours invitant. Il a su acquérir ses lettres de noblesse au fil des années.

Modigliani ✕
$$$
1251 rue Gilford
☎522-0422
Hors des sentiers battus, le restaurant italien Modigliani offre une ambiance et un décor chaleureux, agrémenté d'une profusion de plantes. On y prépare une cuisine originale, toujours excellente.

La Prunelle ✕
$$$
apportez votre vin
327 av. Duluth Est
☎849-8403
Un des meilleurs restaurants du quartier, dans un espace très ouvert sur la rue, ce qui est particulièrement agréable en été. On sert ici une cuisine française classique avec quelques accents d'innovation, délicieuse et présentée de manière agréable. Avantage non négligeable en cette contrée où le restaurateur paie le vin plus cher que le consommateur, on peut apporter son vin ici. Réservez donc cette bonne bouteille pour une belle soirée à La Prunelle.

Le Piton de la Fournaise ✕
$$$
apportez votre vin
835 av. Duluth Est
☎526-3936
Le charmant et tout petit restaurant Le Piton de la Fournaise pétille de vie et éveille les sens. On y apprête avec ingéniosité une cuisine réunionnaise qui n'en finit pas de surprendre par ses parfums, ses épices et ses textures. Afin que l'expérience du Piton de la Fournaise soit un succès, il est suggéré d'avoir tout son temps devant soi.

♥ Toqué ✕
$$$$
fermé le midi
3842 rue St-Denis
☎499-2084

Si la gastronomie vous intéresse, le Toqué est sans contredit l'adresse à retenir à Montréal. Le chef Normand Laprise insiste sur la fraîcheur des aliments et officie dans la cuisine, où les plats sont toujours préparés avec grand soin, puis admirablement bien présentés. Il faut voir les desserts, de véritables sculptures modernes. De plus, le service est classique, la carte des vins est bonne, son nouveau décor est élégant, et les prix élevés n'intimident pas les convives. L'une des tables les plus originales de Montréal.

QUARTIER DE L'HÔTEL-DIEU ET LE BOULEVARD SAINT-LAURENT

Thaï Express ✕
$
3710 boul. St-Laurent
☎287-9957

Dans un décor simple qui évoque puissamment l'atmosphère thaïlandaise, faites votre choix sur le menu qui permet de nombreuses combinaisons. Allez-y en toute confiance, car au Thaï Express on prépare tous les plats à la commande, à partir d'ingrédients frais. D'ailleurs, la cuisine est à aire ouverte, et l'on peut voir les cuistots à l'œuvre. Si vous n'avez pas froid aux yeux, commandez vos plats «piquants»: ils seront de toute façon bien doux, comparés à ce qu'on vous sert à Bangkok. Une bonne adresse pour manger pas cher!

Don Miguel ✕
$$
20 rue Prince-Arthur Ouest
☎845-7915

Dans un décor qui vous transporte rapidement dans quelque province reculée d'Espagne, Don Miguel lui-même vous sert une délicieuse cuisine de son pays natal, comme les irrésistibles paellas, servies en portions plus que généreuses! N'hésitez pas à y aller de vos «por favor»: ici on vous offre l'immersion en prime.

Café Méliès ✕
$$-$$$
3536 boul. St-Laurent
☎847-9218

Le Café Méliès a suivi le Cinéma Parallèle dans le bel et moderne édifice du complexe Ex-Centris. Situé sur deux étages, il a vue sur la rue grâce à de magnifiques fenêtres. Son décor cinématographique est surprenant (notez le majestueux escalier). Le café a beaucoup amélioré sa cuisine; il offre maintenant, en plus de délicieux sandwichs, d'excellents plats cuisinés. On peut aussi juste y prendre un verre ou un café. À découvrir ou à redécouvrir!

Mezze ✕
$$-$$$
3449 boul. St-Laurent
☎281-0275

Dans ce secteur où la clientèle et les restaurants s'avèrent souvent plus prétentieux que nécessaire, le Mezze propose en toute simplicité une excellente cuisine grecque à une foule qui accourt ici pour bien manger plutôt que pour garer lentement sa voiture luxueuse. Tant mieux, et espérons que le Mezze fera des émules.

Buona Notte ✕
$$$
3518 boul. St-Laurent
☎848-0644

Le Buona Notte rappelle les établissements de Soho. Impossible d'examiner ce resto de plus près sans succomber à la tentation d'y entrer. Le Buona Notte, c'est l'Italie retrouvée, c'est Little Italy qui rencontre Soho, c'est New York à Montréal. Les prix sont cependant élevés, et l'on se retrouve ici en compagnie de ceux pour qui cela n'a aucune espèce d'importance...

♥ Thaï Grill ✕
$$$
5101 boul. St-Laurent
☎270-5566

Pas étonnant que le décor du Thaï Grill ait mérité un prix de design: malgré sa douceur, on ne se lasse pas de l'admirer. Des éléments thaïlandais traditionnels ont été habilement intégrés à un environnement moderne, et le tout crée une atmosphère feutrée malgré l'animation. Le service est sympathique et empressé. Quant aux plats, on doit souligner l'effort d'innovation sur la base des traditions thaïlandaises, comme cette salade de papaye verte à laquelle on a ajouté de la lime ou ces nouilles de riz au poulet dont l'assaisonnement équilibré s'avère exquis.

QUARTIER LATIN

Auberge Le Jardin d'Antoine
$$$ pdj
≡, ⊛
2024 rue St-Denis
☎843-4506 ou 800-361-4506
⇌281-1491
www.hotel-jardin-antoine.qc.ca

Réparties sur trois étages, les quelque 25 chambres de l'Auberge Jardin d'Antoine sont décorées avec soin, certaines exhibant mur de briques et plancher de bois franc. Plusieurs suites confortables et bien équipées sont disponibles. Le jardin, à l'arrière, est assez petit, mais les balcons sont ornés de bacs à fleurs, et l'effet est tout de même agréable.

Le Piémontais ✕
$$
lun-sam
1145A rue De Bullion
☎861-8122

Tous les vrais amateurs de cuisine italienne connaissent et vénèrent Le Piémontais. L'étroitesse des lieux et la proximité des tables les unes par rapport aux autres rendent l'endroit très bruyant, mais la douceur d'un décor où dominent le rose, la gentillesse, la bonne humeur et l'efficacité du personnel, ainsi que la poésie que l'on découvre dans son assiette, procurent une expérience inoubliable.

Mikado ✕
$$
1731 rue St-Denis
☎844-5705

Le Quartier latin a mal vieilli, mais le pire semble passé, et, avec ses théâtres, salles de concert et cinémas tout près, il renoue avec une clientèle montréalaise qui l'avait délaissé. Le Mikado est resté fidèle au poste et continue de servir la même excellente cuisine japonaise, sushis et sashimis en tête. Ici point d'effet de mode et c'est tant mieux; même les prix ne suivent pas la courbe stratosphérique des autres restos japonais, certains ne surfant que sur la mode, on le sent bien! D'ailleurs les Asiatiques pure laine fréquentent en grand nombre le Mikado, signe infaillible de son authenticité.

La Sila ✕
$$$-$$$$
2040 rue St-Denis
☎844-5083

La Sila sert une cuisine italienne traditionnelle dans un cadre élégant, rehaussé d'un bar invitant et d'une terrasse extérieure où vous pourrez vous installer par les chaudes soirées d'été.

VIEUX-MONTRÉAL

♥ Les Passants du SansSoucy
$$$ pdj
≡, ⊛
171 rue St-Paul Ouest
☎842-2634
⇌842-2912

Les Passants du SansSoucy est une charmante auberge installée dans une maison construite en 1723 et rénovée il y a une dizaine d'années. Elle est d'autant plus fréquentée qu'elle propose de coquettes chambres meublées d'antiquités. Réservations requises.

Hôtel Place d'Armes
$$$$ pdj
⊝, ℜ, ≡, ⊛
701 côte de la Place d'Armes
☎842-1887 ou 888-450-1887
⇌842-6469
www.hotelplacedarmes.com

Parmi les nouveaux hôtels-boutiques qui ont pris d'assaut le Vieux-Montréal, l'un des premiers ouverts, l'Hôtel Place

Hôtel de ville de Montréal

Basilique
Notre-Dame

La construction et la division des chambres ont mis en valeur les nombreuses poutres en bois et les murs de pierres de l'édifice. Toutes les chambres sont décorées dans un esprit historique, et le résultat est tout à fait remarquable. Au sous-sol, où un restaurant sert de la cuisine française, on peut voir une partie des anciennes fortifications de la vieille ville. Chaque chambre dispose d'un téléphone avec boîte vocale, et il est interdit d'y fumer.

♥ Hôtel Inter-Continental Montréal 🛏
$$$$-$$$$$
≈, ☉, △, ℜ, &, ≡, 🐕
360 rue St-Antoine Ouest
☎987-9900 ou 800-361-3600
⇌847-8730
www.montreal.interconti.com

Tout près du Palais des congrès, l'hôtel Inter-Continental s'élève aux abords du Vieux-Montréal. Relié au Centre de commerce mondial et à plusieurs boutiques, il est aisément reconnaissable à sa jolie tourelle aux multiples fenêtres, dans laquelle le salon des suites a été aménagé. Les 357 chambres, garnies de meubles aux lignes harmonieuses, sont décorées sans surcharge et avec goût, et comprennent entre autres une salle de bain spacieuse. L'hôtel offre aussi tous les services nécessaires aux gens d'affaires: ordinateur, fax, photocopieur. L'accueil est empressé et poli.

Hôtel Nelligan 🛏
$$$$$ pdj
ℜ, ☉, ≡, ℑ, ⊛
106 rue Saint-Paul O.
☎788-2040 ou 877-788-2040
⇌788-2041
www.hotelnelligan.com

Un hôtel de luxe à la mémoire d'un grand poète: on ne sait trop ce qu'en aurait pensé Nelligan lui-même... mais l'endroit a de la gueule. Fraîchement ouvert dans le Vieux-Montréal, cet hôtel-boutique propose une soixantaine de chambres et suites tout confort bien équipées. Il appartient à une famille qui possède plusieurs autres établissements dans le quartier et qui dispose donc d'un certain savoir-faire dans le domaine. Entre le hall d'entrée et le restaurant s'étend une agréable petite cour intérieure où est servi le petit déjeuner. Les fenêtres de certaines chambres donnent sur cette cour, ce qui, faute de vue, assure d'un peu de tranquillité. Les

d'Armes, se dresse à l'un des angles de la place du même nom, devant laquelle s'élève aussi la magnifique basilique Notre-Dame. Certaines des chambres offrent donc une vue attrayante sur cette dernière ou, de l'autre côté, sur la ville. Mais, si vous vous lassez de la vue extérieure, vous pourrez toujours admirer le décor intérieur, de tout aussi bon goût. Les boiseries foncées et les tons crème lui donnent une allure classique fort réussi. Certaines chambres sont même pourvues d'un mur de briques. Équipées de lecteurs CD, de l'accès à l'Internet haute vitesse et de salles de bain modernes, toutes sont confortables et pratiques. En plus du petit déjeuner, vins et fromages sont offerts dans le hall d'entrée à l'heure de l'apéro.

♥ Auberge du Vieux-Port 🛏
$$$$ pdj
≡, ⊛, ℂ, ℑ, ℜ
97 rue de la Commune Est
☎876-0081 ou 888-660-7678
⇌876-8923
www.aubergeduvieuxport.com

Située juste en face du Vieux-Port de Montréal, l'Auberge du Vieux-Port, qui a ouvert ses portes en août 1996, est un bijou à découvrir. Le hall, chic et agréablement décoré, laisse voir les murs de pierres du bâtiment historique, érigé en 1882.

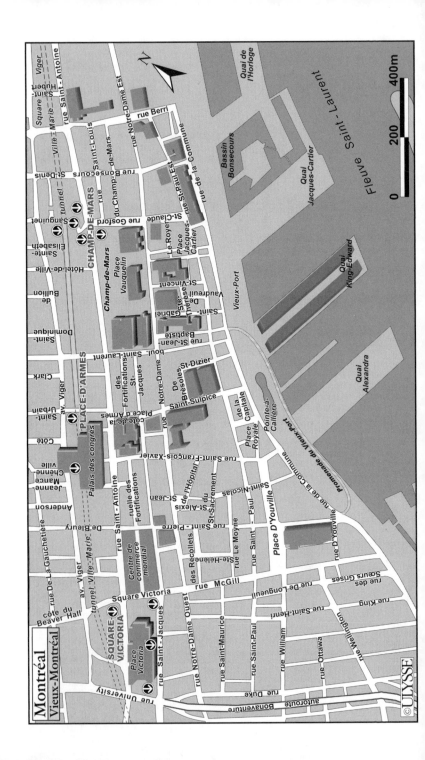

Montréal
Vieux-Montréal

N

0   200   400m

© ULYSSE

Square Viger
rue Saint-Antoine
rue Saint-Hubert
Ville-Marie
Saint-Louis
rue Berri
rue Notre-Dame Est
rue Bonsecours
du Champ-de-Mars
St-Denis
tunnel
Sanguinet
Sainte-Elisabeth
Hôtel-de-Ville
de Bullion
Saint-Dominique
Clark
Saint-Urbain
Côté
Jeanne-Mance
Chénne-ville
Anderson

CHAMP-DE-MARS
Champ-de-Mars
Place Vauquelin
rue Gosford
St-Claude
Le Royer
Place Jacques-Cartier
De Vaudreuil
St-Vincent
Ste-Thérèse
Saint-Gabriel
rue St-Paul Est
rue de la Commune
Vieux-Port
Bassin Bonsecours
Quai de l'Horloge
Quai Jacques-Cartier
Quai King-Edward
Quai Alexandra
Fleuve Saint-Laurent

PLACE-D'ARMES
av. Viger
des Fortifications
St-Jacques
boul. Saint-Laurent
Palais des congrès
rue Saint-Antoine
ruelle des Fortifications
rue Saint-François-Xavier
Notre-Dame
St-Dizier
De Brésoles
Saint-Sulpice
côte de la Place d'Armes
rue
Place Royale
de la Capitale
Pointe-à-Callière
rue St-Jean-Baptiste
Saint-Nicolas
Promenade du Vieux-Port
rue de la Commune
Promenade du Vieux-Port

côte du Beaver Hall
tunnel Ville-Marie
av. Viger
De Bleury
rue Saint-Antoine
Centre de commerce mondial
Square Victoria
des Récollets
Saint-Pierre
rue Saint-Sacrement
du St-Alexis
St-Jean
rue Saint-Nicolas
Saint-Paul
Le Moyne
Ste-Hélène
rue McGill
Place D'Youville
rue D'Youville
rue De Longueuil
rue des Soeurs Grises

SQUARE-VICTORIA
Place Victoria
rue Saint-Jacques
rue Notre-Dame Ouest
rue Saint-Maurice
rue Saint-Paul
rue William
rue Saint-Henri
rue King
rue Ottawa
rue Wellington
rue Duke
autoroute Bonaventure
rue University

chambres sont belles, avec leurs murs de pierres ou de briques, leurs stores de bois, leurs salles de bain modernes dont certaines sont équipées d'une baignoire à remous double, leurs couettes en duvet... De 17h à 19h, on sert aussi un «vins et fromages» dans la cour, attenante à un coin lecture invitant. Le thème de la poésie se retrouve d'ailleurs un peu partout dans l'hôtel, particulièrement dans les tableaux accrochés aux murs des chambres, où sont calligraphiés des vers de Nelligan.

St-Paul Hotel ⊨ ×
$$$$$
☉, ℜ, ≡
355 rue McGill
☎380-2222 ou 866-380-2202
⇌380-2200
www.hotelstpaul.com

Les 96 chambres et les 24 suites du St-Paul Hotel ont pour cadre un magnifique édifice historique entièrement rénové. Le décor intérieur est pourtant on ne peut plus moderne. Différents matériaux s'y côtoient pour créer un effet saisissant. Albâtre et feu, fourrure et vinyle, carrelage noir et tissus crème, chaque chambre, chaque agencement a été soigneusement créé. On est loin de la sobriété et du classique ici, on donne plutôt dans l'audace et l'avant-garde du design. Ce qui en fait un lieu unique où les gens nantis et à la page aiment se retrouver. D'autant plus qu'on a réussi à y créer, somme toute, des lieux sobres et invitants. L'espace autour du lit, par exemple, est délimité, dans certaines chambres, par un drapé qui donne un effet des plus douillets. Le restaurant Cube ($$$$) du St-Paul Hotel vous invite à rencontrer son chef réputé Claude Pelletier, qui vous en fera voir de toutes les couleurs et de toutes les saveurs. Le restaurant est des plus populaires depuis son ouverture, à l'été 2001. La faune branchée de Montréal le fréquente assidûment, non seulement pour sa cuisine exceptionnelle, mais aussi pour voir et être vue, dans un décor étonnant, de surcroît où, comme à l'hôtel, différents matériaux se côtoient pour donner des effets inattendus. Cube fait incontestablement partie des lieux «in» à Montréal. À l'étage, son acolyte le Bar Cru sert des tartares, des carpaccios, etc., dans une ambiance lounge.

Hôtel Gault ⊨
$$$$$ pdj
≡, ☺
449 rue Ste-Hélène
☎904-1616 ou 866-904-1616
⇌904-1717
www.hotelgault.com

L'Hôtel Gault, inauguré en juin 2002, est un petit hôtel de 30 chambres d'où se dégage une ambiance d'hôtel particulier dans lequel on peut rapidement prendre ses habitudes. Il affiche des meubles et des objets design créés spécialement pour apparaître ici ou là dans les agencements novateurs qui le composent. Le hall d'entrée, avec ses grandes fenêtres, dégage une impression d'espace, tandis qu'à l'arrière un coin lecture se fait plutôt douillet. Une grande table étale les petits déjeuners en toute convivialité. Toutes les chambres, réparties sur quatre étages, sont enjolivées à partir d'un thème. Bien que semblables, elles diffèrent les unes des autres, mais ont toutes été décorées dans les règles du design contemporain. Elles ne sont pas très grandes, sauf pour les lofts, mais leur espace a été pensé jusque dans les moindres détails pour les rendre confortables. Les belles salles de bain modernes sont équipées d'une baignoire, d'un plancher chauffant et de tout le nécessaire pour vous dorloter. Certaines chambres disposent d'une terrasse, et toutes les fenêtres s'ouvrent sur la rue et sur les jolies boîtes à fleurs qui enjolivent la façade.

Le Saint-Sulpice ⊨
$$$$$
ℜ, ℂ, ≡, ☉, ☂, ♿
414 rue Saint-Sulpice
☎288-1000 ou 877-SULPICE
⇌288-0077
www.concorde-hotels.com

Pénétrez dans l'immense hall d'entrée du Saint-Sulpice, c'est accéder à un monde de luxe et de confort aux accents du Vieux-Montréal. Un peu partout dans l'hôtel, des éléments du décor nous rappellent constamment qu'on est ici au cœur de l'histoire: boiseries aux teintes ambrées ou d'acajou, murs de pierres, tapis aux motifs de fleurs de lys, foyer, etc. Après tout, les sulpiciens ont joué un grand rôle dans l'histoire de Montréal! Leur basilique et leur séminaire sont d'ailleurs voisins immédiats de l'hôtel, dont la cour, où trône une fontaine, donne directement sur le beau jardin des sulpiciens.

L'hôtel se targue de ne proposer que des suites. Vous y aurez donc assez d'espace pour évoluer à l'aise et disposerez même d'une cuisinette. On peut aussi louer des appartements (condos) pour des séjours prolongés. Plaisir suprême: certaines suites disposent d'un balcon ou d'une terrasse sur le toit.

♥ Hostellerie et Restaurant Pierre du Calvet 1725 ⊨ ✕
$$$$$ pdj
≡, ℑ, ℜ
405 rue Bonsecours
☎282-1725
⇌282-0456
www.pierreducalvet.ca

Non loin du métro Champ-de-Mars, l'Hostellerie et Restaurant Pierre du Calvet 1725 loge dans une des plus vieilles maisons de Montréal (datée de 1725). La maison se cache discrètement à l'angle des rues Bonsecours et Saint-Paul, et a été entièrement rénovée ces dernières années, comme beaucoup d'anciennes maisons du quartier. Ses chambres charmantes et raffinées sont toutes munies d'un foyer, habillées de murs lambrissés de jolies boiseries anciennes et rehaussées de vitraux et d'antiquités. En outre, les salles de bain sont recouvertes de marbre d'Italie. Par ailleurs, une jolie cour intérieure et une salle de séjour ont été aménagées pour permettre aux clients de s'affranchir du grouillement de la foule. Le petit déjeuner est servi dans une salle victorienne; le service y est attentionné et soigné. Bref, l'Hostellerie Pierre du Calvet, située au cœur historique de la ville, est un vrai petit bijou qui rendra votre séjour tout à fait inoubliable. Le Restaurant Pierre du Calvet ($$$$) abrite l'une des meilleures salles à manger de Montréal. Il est en effet particulièrement recommandé pour sa délicieuse cuisine française imaginative, dont le menu, à base de gibier, de volaille, de poisson et de bœuf, change toutes les deux semaines. De plus, son cadre élégant, ses antiquités, ses plantes ornementales et la discrétion de son service vous feront passer une soirée des plus agréables.

Le Saint-James ⊨
$$$$$
≡, ⊛
355 rue Saint-Jacques
☎841-3111 ou 866-841-3111
⇌841-1232
www.hotellestjames.com

Magnifique hôtel qui respire le grand luxe, Le Saint-James comble, depuis son ouverture au printemps 2002, une clientèle fortunée qui désire visiter Montréal tout en prenant ses aises dans un environnement somptueux et raffiné. Il se dresse justement en plein cœur de l'ancien quartier des affaires de Montréal, dans un splendide édifice où se sont tenues diverses activités financières et qui a fait l'objet, ces dernières années, d'une rénovation complète. Pendant qu'à Montréal on s'affairait à rendre à l'édifice son lustre d'antan, tout en le pourvoyant d'installations modernes et d'un équipement de haute technologie, une équipe de spécialistes parcourait l'Europe, l'Extrême-Orient et le reste du monde, à la recherche de meubles et d'œuvres d'art triés sur le volet. Antiquités, tableaux, sculptures, mobilier trônent donc maintenant dans le hall, dans les couloirs ainsi que dans les chambres et suites de l'hôtel qui se voit ainsi richement paré. Le résultat est à la hauteur des attentes des plus exigeants. L'architecture de l'édifice, avec ses frises et ses moulures, est rehaussée par la chaleur et l'opulence du décor qui s'accompagne de services et d'équipements haut de gamme.

♥ Le Petit Moulinsart ✕
$$
139 rue St-Paul Ouest
☎843-7432

Le Petit Moulinsart est un sympathique bistro belge qui prend des allures de petit musée consacré aux personnages de bandes dessinées des aventures de Tintin, créé par Georges Rémi dit Hergé. Bibelots et affiches en tout genre évoquant ces personnages décorent les murs, le menu et les tables de l'établissement. Le service est sympathique. Outre le plat traditionnel de moules et de frites, ne manquez pas de goûter au sorbet du Colonel Sponz et à la salade du Capitaine Haddock.

Le Bonaparte ✕
$$$
ouverture à 7h pour le petit déjeuner, à 12h pour le déjeuner
et à 17h30 pour le dîner
443 rue St-François-Xavier
☎844-4368

Le menu varié du restaurant français Le
Bonaparte réserve toujours de délicieuses
surprises. Les convives les dégustent dans
une des trois salles de l'établissement,
toutes richement décorées dans le style
Empire. La plus grande offre la chaleur
d'un foyer en hiver, tandis qu'une autre,
appelée La Serre, dégage une ambiance
feutrée grâce à la présence de nombreu-
ses plantes vertes.

Le Cabaret du Roy ✕
$$$
363 rue de la Commune Est
☎907-9000

Ne vous attendez pas, en prévoyant un
dîner dans ce restaurant du Vieux-Montréal, à passer une soirée tranquille. Après
tout, vous êtes ici au Cabaret du Roy, et
vous n'êtes pas seul! Une foule de
personnages sortis tout droit
des beaux jours de la fonda-
tion de Montréal attendent
les dîneurs dans un décor
d'époque pour les
entraîner dans une
reconstitution
historique amusante.
Rassurez-vous, vous n'êtes pas obligé de
participer si vous n'en avez pas envie.
Vous n'apprendrez peut-être pas tout un
chapitre de l'histoire en une soirée, mais
le divertissement en vaut la peine. Sans
parler de la boustifaille! Des mets traditionnels repensés composent un menu
résolument réussi.

Chez l'Épicier ✕
$$$
311 rue St-Paul Est
☎878-2232

Auriez-vous pensé à manger chez votre
épicier? Pourtant, quel merveilleux endroit
pour goûter des produits frais et une
cuisine du marché! L'Épicier, qui fait effec-
tivement office d'épicerie fine, est surtout
un restaurant où l'on mange une bonne
cuisine créative originale. Des murs de
pierres, de grandes fenêtres qui donnent
sur la magnifique architecture du Marché
Bonsecours et un décor bistro donnent à
l'endroit à la fois l'ambiance des lieux très
fréquentés et une certaine intimité.

L'Épicier est aussi sommelier lorsqu'il
officie derrière son bar à vins.

Vieux Saint-Gabriel ✕
$$$
426 rue St-Gabriel
☎878-3561

On va au Vieux Saint-Gabriel d'abord et
avant tout pour profiter d'un décor enchanteur, car le restaurant est aménagé
dans une maison qui, déjà en 1754, abri-
tait une auberge, l'endroit évoquant les
premières années de la Nouvelle-France.
Le menu, quant à lui, est sans extravagance et présente des plats français et
italiens.

Gibby's ✕
$$$-$$$$
fermé le midi
298 place D'Youville
☎282-1837

Le restaurant Gibby's occupe une vieille
étable rénovée et propose de généreuses
portions de steak de bœuf ou de veau; on
se déguste à des tables en bois
bordées d'un muret de briques
et de pierres, disposées devant
un feu de braise. Pendant la
belle saison, on peut
manger confortable-
ment à l'air libre dans une
très grande cour intérieure.
Somme toute, un décor assez ex-
traordinaire mais qui se reflète dans les
prix plutôt élevés. Végétariens, s'abstenir.

La Marée ✕
$$$$
404 place Jacques-Cartier
☎861-9794

Situé sur la trépidante place Jacques-Car-
tier, le restaurant La Marée a su conser-
ver, avec les ans, une excellente réputa-
tion. On y apprête à merveille le poisson
et les fruits de mer. La salle étant spa-
cieuse, chacun y est à son aise.

LE VILLAGE
Le Petit Extra ✕
$$
1690 rue Ontario Est
☎527-5552

Grand bistro aux allures européennes, Le
Petit Extra demeure un lieu privilégié pour
prendre un bon repas dans une ambiance
animée. Chaque jour, il propose une table

d'hôte différente. Une clientèle d'habitués s'y presse.

L'Entre-Miche ✕
$$-$$$
midi en semaine et soir jeu-sam
2275 rue Ste-Catherine Est
☎521-0816

Un beau décor moderne et un plafond très haut confèrent un certain chic à L'Entre-Miche, un restaurant français de quartier. Le service est prévenant, amical et professionnel.

VILLAGE SHAUGHNESSY

Le Pique-Assiette ✕
$-$$
2051 rue Ste-Catherine Ouest
☎932-7141

Le Pique-Assiette présente un décor à l'indienne et offre une ambiance tranquille. Le menu propose d'excellents currys et spécialités de tandouri, dont s'accommodent malheureusement assez mal les estomacs délicats, car la cuisine est ici très épicée. Le buffet indien du midi vaut vraiment la peine. Amateur de pain nan, sachez qu'il est offert ici à volonté. Les bières anglaises accompagnent très bien les mets du Pique-Assiette.

Café Roccoco ✕
$$
1650 av. Lincoln
☎938-2121

Le Café Roccoco est un charmant petit restaurant hongrois surtout fréquenté par... des Hongrois. La nourriture se veut convenable et renferme une bonne dose de paprika. Ses tentures et nappes roses et écarlates confèrent aux lieux de doux airs d'Europe de l'Est que des chandelles sur chaque table rendraient encore plus romantiques. Excellent choix de gâteaux.

♥ Chez la Mère Michel ✕
$$$-$$$$
fermé sam midi, dim, lun midi
1209 rue Guy
☎934-0473

Chez la Mère Michel, tenu par beaucoup pour un des meilleurs restaurants en ville, est l'incarnation même de la cuisine française par excellence. Installé dans une adorable vieille maison de la rue Guy, l'établissement renferme trois salles à manger intimes et décorées avec un goût exquis. À l'avant, banquettes et chaises garnies de riches tissus imprimés invitent les clients à prendre place autour de tables fort bien mises, tandis qu'à l'arrière un chaleureux foyer et une profusion de plantes campent le décor. Le chef Micheline choisit des ingrédients venant tout droit du marché pour créer de délicieuses spécialités régionales françaises ainsi qu'une table d'hôte saisonnière à cinq services. Le personnel est par ailleurs cordial et attentif, et l'impressionnante cave de l'établissement recèle certaines des meilleures bouteilles que l'on puisse trouver à Montréal.

NOTRE-DAME-DE-GRÂCE

Al Dente Trattoria ✕
$$
apportez votre vin
5768 av. Monkland
☎486-4343

Établi sur l'avenue Monkland depuis déjà nombre d'années, Al Dente est un petit restaurant italien chaleureux et fort accueillant. Son menu révèle un bon choix de pizzas, de soupes et de salades fraîches, mais aussi un assortiment complet de pâtes et de sauces que vous pouvez marier à votre guise. Quant au décor, il est simple, et l'atmosphère invite à la détente. On y vient aussi bien pour la nourriture que pour le service sans façon.

Oratoire Saint-Joseph

Outaouais

La région touristique de l'Outaouais tire son nom de la majestueuse rivière qui la traverse d'ouest en est dans sa partie méridionale.

Cette rivière joua d'ailleurs un rôle important dans notre histoire collective: explorateurs, coureurs des bois et draveurs ont tous sillonné son parcours. Les premières seigneuries, dont celle de la Petite Nation, furent installées du côté québécois de ses berges.

La ville de Hull s'est développée à la fin du XIXe siècle. Vu sa localisation et la présence de nombreux bureaux gouvernementaux, elle est aujourd'hui la capitale régionale de l'Outaouais. D'ailleurs, la partie méridionale de cette région touristique demeure la plus urbaine, tandis que le nord, avec ses vastes espaces couverts de lacs et de forêts, est moins développé.

Indicatif régional: 819

LES SÉJOURS 🛏

Dans l'Outaouais, on peut loger dans une quarantaine de municipalités. Les villes qui comptent le plus d'établissements d'hébergement touristiques sont Gatineau, Hull, Maniwaki et Montebello.

Les villes de Hull, de Gatineau et d'Aylmer, toutes situées aux portes de la ville d'Ottawa, attirent un fort contingent de touristes qui se rendent dans la région de la capitale canadienne. Le Casino de Hull et les musées d'envergure constituent des attraits indéniables. Hull, Gatineau et

Aylmer sont dotées d'auberges, d'hôtels et de motels de toutes catégories. Certains établissements sont aussi reconnus comme d'importants centres de congrès. Notez que ces villes possèdent toutes des marinas et, par conséquent, sont aussi visitées par de nombreux plaisanciers, qui n'ont aucune difficulté à trouver des lieux d'hébergement tout près de leur port d'attache. Les touristes qui se rendent au parc de la Gatineau pourront loger la plupart du temps dans les belles petites auberges des villes de Cantley, de Chelsea et de Wakefield.

La partie septentrionale de l'Outaouais constitue un vaste territoire de montagnes recouvertes de forêts et de lacs. Les amateurs d'activités nautiques, de chasse et de pêche, de même que les motoneigistes ont à leur disposition de nombreux centres de villégiature, auberges et pourvoiries.

LES DÉLICES ✗

Il y a plusieurs tables gastronomiques à Hull, entre autres le Café Henry Burger: ce n'est pas un secret pour les gens de la région, car plusieurs diplomates, dignitaires et fonctionnaires de la capitale canadienne, Ottawa, traversent la rivière, le midi et même après le travail, pour y aller. Toutefois, contrairement à Montréal ou à la ville de Québec, la cuisine ethnique à Hull est sous-représentée.

LES ADRESSES

CHELSEA
♥ **L'Orée du bois** ✗
$$$-$$$$
mar-dim dès 17h; fermé lun; mar-sam en hiver
15 chemin Kingsmere, Old Chelsea
☎827-0332
Visiter l'Outaouais sans se rendre dans le parc de la Gatineau est une hérésie. Ne

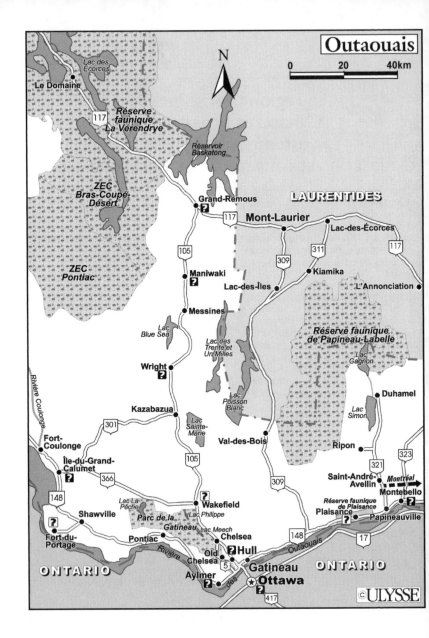

Outaouais

0   20   40km

Lac des Écorces

Le Domaine

117

Réserve faunique La Vérendrye

Réservoir Baskatong

ZEC Bras-Coupé-Désert

ZEC Pontiac

Grand-Remous [?]

LAURENTIDES

117   Mont-Laurier

Lac-des-Écorces

105

309   311

117

Maniwaki [?]

Kiamika

L'Annonciation

Lac-des-Îles

Messines

Lac Blue Sea

Lac des Trente et Un Milles

Réserve faunique de Papineau-Labelle

Lac Gagnon

Wright [?]

Kazabazua

Lac Sainte-Marie

Lac Poisson Blanc

Duhamel

Lac Simon

Rivière Coulonge

301

105

Val-des-Bois

309

Ripon

321   323

Fort-Coulonge

Île-du-Grand-Calumet [?]

366

Saint-André-Avellin   Montréal

Montebello [?]

148

Réserve faunique de Plaisance

Lac La Pêche

Wakefield [?]

Plaisance [?]

Papineauville

Shawville

Parc de la Gatineau

Lac Philippe

Chelsea

148

17

Pontiac

Rivière

Lac Meech

Old Chelsea

[?] Hull

Outaouais

ONTARIO

Fort-du-Portage [?]

Aylmer [?]

des

5

★ Gatineau Ottawa

ONTARIO

417

©ULYSSE

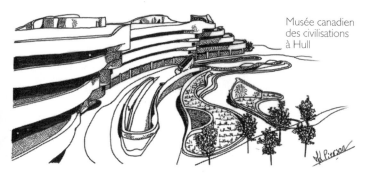

Musée canadien
des civilisations
à Hull

serait-ce que pour y prendre un repas. L'Orée du bois vous accueille dans une maison rustique en plein cœur de la nature. Le bois, la brique et les rideaux crochetés que l'on retrouve à l'intérieur ajoutent à l'harmonie. Voilà une entreprise familiale du genre que l'on retrouve partout dans les différentes régions de la France. Manon, souriante, vous reçoit et supervise les salles, tandis que Guy concentre son expertise sur la cuisine. La formule ne peut qu'être gagnante pour le client. Guy élabore une cuisine française qui met en valeur les excellents produits régionaux que l'on retrouve au Québec. La carte propose ainsi des plats préparés à à partir de champignons des bois, de fromage de chèvre frais, de canard du Lac Brome, de cerf et de poisson fumé sur place au bois d'érable. Les prix sont raisonnables; les portions, généreuses.

HULL

Hilton Lac-Leamy |⇔|
$$$$$
&, ≡, ◉, ⊘, ≈, ✿, ℜ, △
3 boulevard du Casino
☎790-6444 ou 866-488-7888
≈790-6408
www.hiltonlacleamy.com
Érigé au bord du lac Leamy, mais surtout à côté du Casino de Hull, avec lequel il communique, cet hôtel de la chaîne Hilton s'impose. Les 20 étages offrent tous des chambres confortables au décor classique enjolivé d'une belle vue sur un des deux lacs voisins et les environs. Les installations répondent entièrement aux besoins des gens d'affaires.

Le Tartuffe ✕
$$$-$$$$
fermé dim
133 rue Notre-Dame
☎776-6424
À deux pas du Musée canadien des civilisations se trouve un merveilleux petit restaurant de gastronomie française: Le Tartuffe. Cette petite maison saura vous plaire par la gentillesse et la courtoisie de son personnel, ou grâce à son ambiance intime et délicieuse.

♥ Le Sans-Pareil ✕
$$$-$$$$
fermé dim
71 boulevard St-Raymond
☎771-1471
Le Sans-Pareil est situé à 5 min du Casino de Hull et tout près des centres commerciaux. Ici l'addition est belge. Il est donc normal que le chef Luc Gielen propose des moules (choix de 12 types d'apprêts) le mardi soir. Mais ce serait un péché que de s'en tenir à cela seulement, car la carte présente beaucoup d'autres choses délicieuses, et meilleures encore! La carte change normalement toutes les trois semaines et favorise les produits frais que l'on retrouve dans les différentes régions du Québec. Le chef a du flair pour innover dans la combinaison des ingrédients. Il faut donc se laisser tenter, sans aucune crainte, par le menu gourmand à plusieurs services, qui inclut également les vins appropriés. C'est un endroit petit mais fort charmant. À découvrir!

Café Henry Burger ✕
$$$$
69 rue Laurier
☎777-5646
Le chic Café Henry Burger se spécialise dans la préparation d'une cuisine française raffinée. Le menu se modifie au gré des arrivages et réussit chaque fois à ravir les palais les plus délicats. Établi à Hull depuis 1922, il a su conserver une excellente réputation malgré le service un peu froid.

MESSINES
♥ Maison la Crémaillère ✕
$$$$
fermé lun
24 chemin de la Montagne
☎465-2202 ou 877-465-2202
La Maison la Crémaillère figure parmi les plus illustres restaurants de la région. Située dans un coin reculé de l'Outaouais, cette magnifique maison d'époque dispose d'à peine 30 places et vous propose un service personnalisé et courtois. La table d'hôte affiche des mets aussi artistiques que délicieux. Réservations requises.

MONTEBELLO
♥ Auberge Suisse Montevilla ⊨⊟
$$$-$$$$ pdj
≡, ⊛, ℂ, ℜ, ≈
970 chemin Montevilla
☎423-6692 ou 800-363-0061
⇄423-5420
www.auberge-montevilla.com
Située en retrait du village, l'Auberge Suisse Montevilla constitue un choix intéressant pour les voyageurs qui désirent prendre quelques jours de repos dans la nature sans toutefois trop perdre en confort. L'Auberge propose en plus une série d'activités de plein air comme la pêche et le tennis. Une piscine et deux lacs naturels se trouvent à proximité. On y loue aussi des chalets.

♥ Château Montebello ⊨⊟
$$$$$
♿, ≡, ⊛, ⌚, ≈, ✪, ℜ, △
392 rue Notre-Dame
☎423-6341 ou 800-441-1414
⇄423-5283
www.fairmont.com
Le Château Montebello, cette superbe structure construite en bois de pin et de cèdre, s'élève sur le bord de la rivière des Outaouais. Il détient le titre de la plus importante structure de bois rond au monde. C'est aujourd'hui un centre de villégiature qui dispose de plusieurs installations, notamment une piscine intérieure et extérieure, des terrains de squash et un centre de conditionnement physique.

PAPINEAUVILLE
Au fil des ans ⊨⊟
$$ pdj
🐾, bc/bp
228 rue Duquette
☎427-5167 ou 800-361-0271
Si le charme d'une maison ancestrale (datée de 1853) vous séduit, le gîte touristique Au fil des ans est le meilleur choix. Et votre portefeuille sera entièrement d'accord! Cette maison de bois, rénovée en respectant le style d'antan, propose cinq chambres, dont une avec salle de bain privée. De plus, les invités disposent d'une salle de séjour avec télé, seul endroit, par ailleurs, accessible aux fumeurs. L'aire réservée au copieux petit déjeuner, un solarium, est admirablement lumineuse.

♥ La Table de Pierre Delahaye ✕
$$$
mer-ven et dim 11h30 à 14h et mer-dim 17h30 à 21h, fermé lun-mar
247 rue Papineau
☎427-5027
La Table de Pierre Delahaye mérite une escale. Ce restaurant n'évoque que des souvenirs mémorables. Une histoire de couple: madame à l'entrée et monsieur à la cuisine. Un accueil toujours cordial et chaleureux, une cuisine exquise d'inspiration normande: le chef est un vrai Normand! Si l'évocation du ris de veau fait saliver, pas besoin d'aller plus loin. Cette maison de village historique (datée de 1880) abrite des pièces empreintes

d'ambiance. Lorsqu'on est plusieurs (huit et plus), on peut même disposer d'une pièce complète.

WAKEFIELD
Les Trois Érables 🛏
$$$-$$$$ pdj
≡

801 Drive Riverside
☎459-1118

La petite auberge Les Trois Érables est l'une des surprises que vous réserve l'Outaouais. Remarquez le travail investi dans la rénovation de cette maison datant de 1896. Un séjour dans cette auberge s'avère toujours merveilleux.

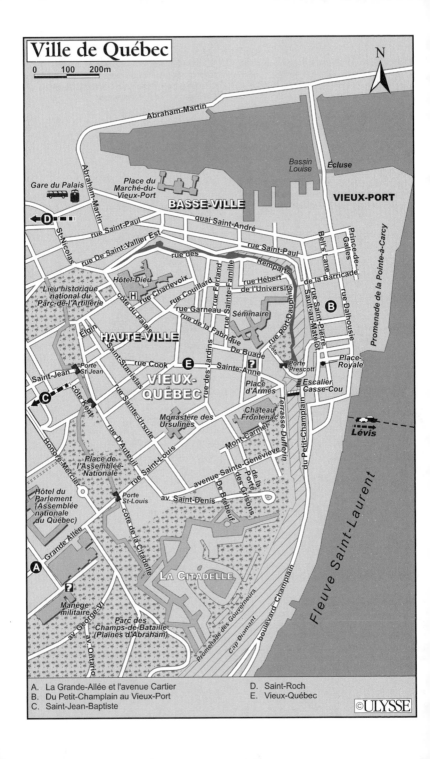

Ville de Québec

0 100 200m

N

Abraham-Martin

Bassin Louise

Écluse

Gare du Palais

Place du Marché-du-Vieux-Port

BASSE-VILLE

VIEUX-PORT

St-Nicolas

rue Saint-Paul

quai Saint-André

rue De Saint-Vallier Est

rue Saint-Paul

Promenade de la Pointe-à-Carcy

Bell's Lane

Prince-de-Galles

de la Barricade

rue Dalhousie

rue des

Remparts

Lieu historique national du Parc-de-l'Artillerie

Hôtel-Dieu

rue Charlevoix

côte du Palais

rue Couillard

rue Ferland

rue Garneau

rue Hébert

de l'Université

rue Sainte-Famille

Séminaire

rue port Dauphin

Sault-au-Matelot

rue Saint-Pierre

B

HAUTE-VILLE

Elgin

Saint-Stanislas

rue Cook

rue de la Fabrique

De Buade

côte

Porte Prescott

Place-Royale

Porte St-Jean

E

Sainte-Anne

Escalier Casse-Cou

Saint-Jean

côte d'Abraham

VIEUX-QUÉBEC

rue des Jardins

Place d'Armes

C

côte Kent

rue Sainte-Ursule

Monastère des Ursulines

Château Frontenac

Terrasse Dufferin

du Petit-Champlain

Lévis

Honoré-Mercier

rue D'Auteuil

Mont-Carmel

Place de l'Assemblée-Nationale

rue Saint-Louis

avenue Sainte-Geneviève

De Brébeuf

de la Porte

des Grisons

Fleuve Saint-Laurent

Hôtel du Parlement (Assemblée nationale du Québec)

Porte St-Louis

av. Saint-Denis

côte de la Citadelle

Grande Allée

A

La Citadelle

Manège militaire

av. George VI

Parc des Champs-de-Bataille (Plaines d'Abraham)

av. Ontario

Promenade des Gouverneurs

Cap Diamant

boulevard Champlain

A. La Grande-Allée et l'avenue Cartier   D. Saint-Roch
B. Du Petit-Champlain au Vieux-Port   E. Vieux-Québec
C. Saint-Jean-Baptiste

©ULYSSE

Ville de Québec

Québec est une ville unique à maints égards.

Elle est le berceau de la civilisation française en Amérique; c'est la seule ville, au nord de México, qui s'entoure de fortifications; et son patrimoine architectural s'avère extrêmement riche et varié, ce qui en fait d'ailleurs la plus grande ville historique de l'Amérique du Nord! Qui plus est, Québec est la capitale nationale.

Indicatif régional: 418

LES SÉJOURS 🛏

Beaucoup d'hôtels de la capitale sont situés dans la Haute-Ville, et l'on en dénombre plus de 80. Parmi ceux-ci, il y a de grands hôtels urbains modernes de même que des auberges qui occupent des demeures anciennes et qui permettent de vivre une expérience originale (murs de pierres, atmosphère particulière). Toutefois, le confort des auberges est souvent rudimentaire; par exemple, certaines renferment des chambres mal insonorisées et sans salle de bain privée. Il n'empêche que ces petits inconvénients peuvent être facilement oubliés, car vous logerez alors au cœur même d'une des plus anciennes villes d'Amérique du Nord. Parmi les hôtels à caractère historique figurent l'Hôtel Clarendon, l'Hôtel Dominion 1912 et l'Hôtel du Capitole.

Maintenant, en ce qui concerne la grande hôtellerie urbaine, Québec possède quelques établissements de grande renommée. L'Hôtel Loews Le Concorde, situé près des plaines d'Abraham, impressionne par son architecture audacieuse. De forme semi-pyramidale et haut de 30 étages, il est coiffé d'une structure circulaire abritant un restaurant tournant. Évidemment, il est difficile de ne pas remarquer cet édifice qui se distingue dans le paysage urbain de la Haute-Ville. De plus, cet hôtel offre une vue superbe sur le Vieux-Québec, sur le fleuve ainsi que sur la Cité parlementaire.

Comment parler de Québec sans mentionner le célèbre Château Frontenac? Érigé en 1893, il est un des plus beaux hôtels d'Amérique. Le Château, tel qu'il est aujourd'hui, fut terminé en 1924. Sa forme et sa tour évoquent les châteaux médiévaux; d'ailleurs, l'architecte avait comme objectif de construire un bâtiment qui présenterait une symbiose des deux peuples fondateurs, et il a bien réussi. Évidemment, l'image du Château Frontenac et celle de la ville de Québec sont indissociables, tout comme la tour Eiffel l'est pour Paris. Avec ses manières aristocratiques, le personnel sait se conformer aux grandes règles d'or de l'hospitalité. Du reste, depuis qu'il existe, cet hôtel a accueilli plusieurs personnages importants.

LES DÉLICES ✕

Pas facile de caractériser ou de faire justice à toutes les bonnes tables de la ville de Québec; il y en a tellement! Il est certain que, vu son caractère historique et son statut de capitale nationale, les tables gastronomiques sont nombreuses. Qui plus est, peut-être plus que nulle part ailleurs au Québec, ici vous aurez l'occasion de vous attabler soit dans de belles demeures ancestrales datant du Régime français ou dans des restaurants de grands hôtels qui sont reconnus pour l'excellence de leur tradition d'hospitalité.

La majorité des bonnes tables de la ville de Québec se trouvent dans le Vieux-Québec, secteur Haute-Ville (à l'intérieur des murs), et sur la Grande Allée (particulièrement reconnue pour ses terrasses).

Voici quelques suggestions:

La Grande Table de Serge Bruyère, un établissement considéré comme l'un des meilleurs restaurants au Canada, sert une cuisine internationale, actuelle et fine, toujours préparée à partir de produits régionaux.

À l'Auberge du Trésor, vous pourrez manger, dans un cadre romantique, à l'intérieur de la première habitation permanente en Nouvelle-France.

À l'auberge Aux Anciens Canadiens, vous êtes dans un établissement qui se distingue par l'authenticité de sa décoration, avec cinq belles salles réparties sur deux niveaux.

Enfin, les restaurants suivants sont tous appréciés des amateurs de fine cuisine: le Laurie Raphaël, rue Dalhousie, et le Il Teatro, de l'Hôtel du Capitole.

LES ADRESSES

LA GRANDE ALLÉE ET L'AVENUE CARTIER

Auberge du Quartier 🛏
$$-$$$ pdj
≡

170 Grande Allée O.
☎525-9726 ou 800-782-9441
⇌521-4891

Vous recherchez une mignonne petite auberge de quartier? Campée face à l'imposante église Saint-Dominique, donc à 5 min des plaines et du Musée national des beaux-arts du Québec, l'Auberge du Quartier saura vous plaire. Cette grande maison blanche et lumineuse renferme une douzaine de chambres propres, coquettes et modernes, réparties sur trois niveaux, dont une suite sous les combles. L'accueil de la propriétaire et de son personnel est fort sympathique.

♥ Hôtel Loews Le Concorde 🛏×
$$$-$$$$
≡, ≈, ⊙, △, ℜ, ♿, ⚹
1225 Place-Montcalm
☎647-2222 ou 800-463-5256
⇌647-4710

Se dressant aux abords du Vieux-Québec, l'Hôtel Loews Le Concorde dispose de chambres spacieuses offrant une vue magnifique sur tout Québec. Appartenant à la chaîne d'hôtels Loews, il dispose de chambres confortables. Juché au sommet d'un des plus grands hôtels de Québec, le restaurant tournant L'Astral ($$$-$$$$) offre, en plus d'une cuisine française raffinée, une vue imprenable sur le fleuve, les plaines d'Abraham, les Laurentides et la ville. Le tour complet s'effectue en une heure. Son brunch copieux du dimanche vaut le déplacement.

Le Parlementaire ×
$-$$
mar-ven
angle av. Honoré-Mercier et Grande Allée
☎643-6640

Les visiteurs espérant côtoyer les membres de l'Assemblée nationale peuvent aller déjeuner au restaurant de l'Hôtel du Parlement, Le Parlementaire. Le menu propose des mets québécois et européens. L'endroit est souvent bondé, surtout le midi, mais on y mange bien. Ouvert seulement pour le petit déjeuner et le déjeuner.

♥ Café Krieghoff ×
$$
1089 av. Cartier
☎522-3711

Le Café Krieghoff, du nom du peintre d'origine hollandaise dont l'ancienne demeure s'élève au bout de l'avenue Cartier, loge dans une vieille maison de cette même artère. On y propose une cuisine légère (quiches, salades, etc.) de qualité ainsi qu'un bon menu du jour. N'oubliez pas d'accompagner le tout de leur excellent espresso. L'atmosphère conviviale et détendue du Krieghoff évoque les cafés d'Europe du Nord. En été, on y trouve deux terrasses souvent bondées.

Hôtel du Parlement

La Halte dans la forêt au Parlement

Jaune Tomate ✕
$$-$$$
120 boul. René-Lévesque O.
☎523-8777

Presque au coin de l'avenue Cartier, sur le boulevard René-Lévesque, se trouve un joli restaurant jaune et rouge... le Jaune Tomate! On y déguste une bonne cuisine italienne dans un décor champêtre au rez-de-chaussée ou sur la mezzanine. Les samedis et dimanches matins, on vient y déguster des brunchs originaux et savoureux. Les œufs bénédictines sauce hollandaise aromatisée d'un zeste d'orange et de teryaki sauront égayer vos petits matins de fin de semaine!

Aux Vieux Canons ✕
$$-$$$
650 Grande Allée E.
☎529-9461

La terrasse du restaurant Aux Vieux Canons est très animée pendant toute la saison estivale. Allez-y pour savourer une bonne cuisine française au vin ou un succulent plat flambé. Le tout se déroulera dans une ambiance propice à la fête grâce aux chanteurs, musiciens et danseurs interprétant des chansons et jouant de la musique tzigane.

Le Momento ✕
$$-$$$
1144 av. Cartier
☎647-1313

Le Momento présente un décor moderne aux teintes chaleureuses et embelli par une fresque tirée d'une toile de Botticelli. Vous l'aurez deviné, on y sert une cuisine italienne raffinée et originale qui vous réserve d'agréables surprises. Basilic, origan, tomates séchées, câpres, olives: les sauces sont riches, sans excès, et

savoureuses. Le saumon mariné est juste à point, ainsi fond-il dans la bouche.

Le Bonaparte ✕
$$$
680 Grande Allée E.
☎647-4747

Le Bonaparte se veut une excellente adresse lorsqu'il s'agit de gastronomie française. Pour ajouter à l'excitation des papilles, pourquoi ne pas participer à l'une de ces soirées «meurtre et mystère», où intrigues et suspense sont de la partie? Terrasse donnant sur l'artère préférée des jeunes BCBG québécois, soit la Grande Allée.

♥ VooDoo Grill ✕
$$$
575 Grande Allée E.
☎647-2000

Cette vieille maison était autrefois celle du club social de l'Union nationale, parti politique de l'inoubliable Maurice Duplessis. D'où, d'ailleurs, le nom de la discothèque (Maurice) occupant les deux derniers étages du bâtiment dans laquelle vous pourrez, en fin de soirée, digérer un copieux repas. Au premier étage est en effet installé un restaurant qui, bien qu'il ait conservé quelques caractéristiques de l'architecture originale, affiche un décor résolument original. De fait, on y admire une collection d'œuvres d'art africain. Masques, sculptures et poupées mettent en scène un décor envoûtant. La musique, elle, n'est malheureusement pas africaine, mais, épisodiquement, pendant la soirée, des joueurs de djumbé viennent ajouter une brève note rythmée à l'ambiance déjà fort animée de cet endroit branché. Au menu du Voo Doo Grill: des grillades bien sûr, de viande, de poisson et de volaille, ainsi que des plats sautés au wok servis sur du riz épicé et des satays avec leur choix de sauce. Le tout se révèle savoureux, créatif et joliment présenté. La cuisine demeure ouverte tard.

♥ Le Métropolitain ✕
$$$-$$$$
1188 av. Cartier
☎649-1096

Le Métropolitain est sans doute le meilleur restaurant de sushis à Québec. Ces petits délices japonais sauront vous régaler. Ils sont préparés par des mains expertes, sous vos yeux, derrière un comptoir vitré. Vous pourrez aussi y goûter d'autres spécialités orientales, entre autres des poissons et fruits de mer. Occupant auparavant un sous-sol à l'entrée duquel trônait une large enseigne semblable à celle qui orne certaines bouches du métro de Paris, le bar à sushis occupe maintenant un deuxième étage, gagnant ainsi en luminosité.

♥ Le Graffiti ✕
$$$-$$$$
1191 av. Cartier
☎529-4949

Le décor vieillot du Graffiti, composé de poutres de bois naturel et de murs de briques, parvient à créer une ambiance très chaleureuse. Le restaurant sert une cuisine française de qualité supérieure.

♥ La Closerie ✕
$$$$
966 boul. René-Lévesque O.
☎687-9975

La Closerie est un restaurant de fine cuisine française. Son chef, dont la réputation est bien établie, crée ses plats à partir d'ingrédients frais de première qualité. De l'extérieur, cette maison de ville, située à l'écart des attraits touristiques, ne présage pas ce que son intérieur réserve, soit un beau décor intimiste qui promet d'agréables moments.

DU PETIT-CHAMPLAIN AU VIEUX-PORT

♥ Hôtel Belley ⊨
$$
©
249 rue St-Paul
☎692-1694 ou 888-692-1694
⇌692-1696

Le sympathique Hôtel Belley s'est établi dans le Vieux-Port, en face du marché, dans un bel édifice qui abrite un hôtel depuis 1877. Il se présente de fait comme un petit hôtel particulier auquel on s'attache facilement! On y trouve huit chambres douillettes, décorées avec simplicité et arborant qui un mur de briques, qui des poutres en bois et des lucarnes. Elles sont situées au-dessus de la Taverne Belley, qui fait office de bar et qui sert, dans deux belles salles du rez-de-chaussée, des petits déjeuners et des déjeuners appréciés par les gens du quartier. Dans une autre maison, de l'autre côté de la rue, on a aménagé des appartements confortables à souhait et joliment décorés. Certains disposent d'une terrasse à même le cap, et l'on peut les louer à la nuitée, à la semaine ou au mois.

Hayden's Wexford House ⊨
$$ pdj
bc, ≡
450 rue Champlain
☎524-0524
⇌648-8995

Située sur une magnifique rue entre le cap et le fleuve, la Hayden's Wexford House arbore fièrement la façade qui l'annonce depuis 1832. Son nom est en effet inscrit en toutes lettres sur la brique de la belle maison qui a conservé tout son cachet. Ses quatre petites chambres se révèlent tout aussi charmantes. Nichées au dernier étage et permettant d'admirer la vue par leurs lucarnes, elles se parent chacune d'une décoration soignée où règnent le bois et les motifs de fleurs. Les salles de bain sont modernes et rénovées. Pour ajouter encore au confort des hôtes, des matelas de qualité ont été fabriqués sur mesure. Le petit déjeuner se déguste dans une belle salle à manger aux murs de pierres, qui conserve, elle aussi, le cachet de la maison. Non-fumeurs.

Gare du Palais

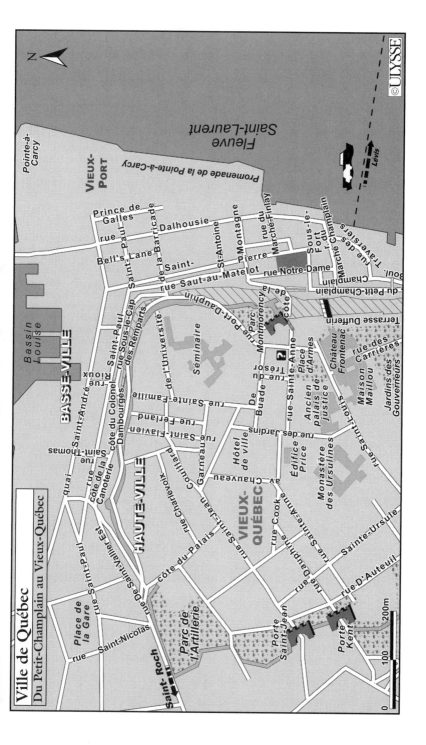

Place Royale

Auberge Saint-Pierre
$$$$ pdj

ℂ, ⊛, ≡

79 rue St-Pierre

☎694-7981 ou 888-268-1017

⇰694-0406

www.auberge.qc.ca

Dans un édifice ayant abrité, depuis la fin du XIXᵉ siècle, la première compagnie d'assurances au Canada, on a ouvert une jolie auberge. L'Auberge Saint-Pierre a un charme particulier du fait que l'on a tenté de conserver, lors des travaux de rénovation, les atouts du vieux bâtiment. Ainsi, les chambres rappellent un peu les appartements du quartier avec leurs différents paliers et leurs petits couloirs. Chacune révèle de beaux planchers de bois foncé et des murs aux couleurs riches. Les chambres situées aux étages inférieurs bénéficient d'un très haut plafond qui leur donne beaucoup de caractère, tandis que celles aménagées en hauteur offrent une belle vue.

Appartements du Cap-Blanc
$$$

ℑ, ℂ

444 rue Champlain

☎524-6137

⇰648-8995

Vous désirez passer quelques jours à Québec et avoir un pied-à-terre bien situé offrant toutes les commodités? Les Appartements du Cap-Blanc vous plairont sûrement, en plus d'être voisins immédiats du gîte des propriétaires (voir Hayden's Wexford House ci-dessus). Chacun des appartements occupe un étage d'une vieille maison bien rénovée. Deux d'entre eux sont munis d'un foyer devant lequel vous passerez d'agréables moments. Les appartements comportent tous un coin salon, une cuisinette entièrement équipée, une salle à manger, une salle de bain et une chambre fermée, le tout joliment décoré. Vraiment, vous voudrez vous y attarder! Deux nuitées minimum. Non-fumeurs.

♥ Le Priori
$$$ pdj

⊛, ℜ, ℑ, ℂ, ≡

15 rue du Sault-au-Matelot

☎692-3992 ou 800-351-3992

⇰692-0883

Dans la Basse-Ville, sur une rue paisible, se trouve Le Priori. L'hôtel est établi dans une maison ancienne qui a été rénovée avec minutie. La décoration marie harmonieusement les murs d'une autre époque au mobilier très moderne. L'aménagement est fort original, et même l'ascenseur est innovateur.

♥ Hôtel Dominion 1912
$$$$ pdj

≡, ⊛

126 rue St-Pierre

☎692-2224 ou 888-833-5253

⇰692-4403

www.hoteldominion.com

Dans l'un des beaux édifices de la rue Saint-Pierre, celui-là datant de 1912 mais rénové, on a ouvert un hôtel qui saura charmer les amateurs d'endroits chics. Le luxueux Hôtel Dominion 1912 affiche un côté moderne, avec des matériaux tels que le verre et le fer forgé tout en respectant le cachet des lieux. Des éléments du décor, comme les teintes crème et sable, les grandes draperies ou les coussins, sofas et couvre-lits moelleux, en font un endroit confortable à souhait. Dans chaque chambre, des photographies noir et blanc du quartier donnent envie de partir à sa découverte. Les derniers étages offrent une vue magnifique, d'un côté sur le fleuve et de l'autre sur le cap et la Haute-Ville.

♥ Auberge Saint-Antoine ⌷

$$$$$ pdj
≡, ◉, ℂ, ℑ
10 rue St-Antoine
☎692-2211 ou 888-692-2211
⇌692-1177
www.saint-antoine.com

L'Auberge Saint-Antoine est située près du Musée de la civilisation. Cette superbe auberge occupe deux bâtiments. L'entrée a été aménagée dans un ancien immeuble en pierre qui a été magnifiquement rénové. Le hall, garni de poutres de bois, de murs de pierres et d'un foyer, est des plus chaleureux. On y sert le petit déjeuner. Les chambres, époustouflantes, sont toutes décorées selon un thème différent. Chacune a un charme bien à elle.

Café Le Saint-Malo ✕

$$-$$$
75 rue St-Paul
☎692-2004

Le Café Le Saint-Malo est un petit resto qui a pignon sur la rue Saint-Paul depuis près de 20 ans. De son décor agrémenté de multiples objets hétéroclites se dégage une atmosphère chaleureuse rehaussée par le plafond bas, les banquettes et la cheminée. On s'y régale de spécialités de la cuisine française. Le cassoulet et le boudin aux pommes sont particulièrement bien réussis.

♥ Le Café du Monde ✕

$$-$$$
57 rue Dalhousie
☎692-4455

Dans cette grande brasserie à la parisienne, on prépare des plats typiques de ce genre d'établissement tels que le confit de canard, le tartare, la bavette, le boudin et, bien sûr, les moules-frites. Le menu du midi est intéressant avec ses délicieuses profiteroles servies au dessert. Les brunchs de fin de semaine ne laissent pas leur place non plus. Son décor clair invite à la détente et à la discussion avec son plancher carrelé de noir et blanc, ses banquettes de cuir, ses grandes fenêtres donnant sur le port et son long bar orné d'une imposante machine à café en cuivre. Les serveurs, habillés d'un long tablier, sont attentionnés.

L'Ardoise ✕

$$$
71 rue St-Paul
☎694-0213

L'Ardoise se présente comme un chic petit bistro de la rue des antiquaires et des galeries d'art. Endroit idéal pour une petite pause entre deux visites. Bien que le service tende à une certaine prétention, on s'y sent rapidement à l'aise. Les murs de pierres et les boiseries d'acajou s'y marient harmonieusement. On y prépare, entre autres plats, le boudin grillé aux pommes, le foie de veau à l'anglaise, l'entrecôte et une variété de poissons. Des petits déjeuners y sont également servis.

Poisson d'Avril ✕

$$$
115 quai St-André
☎692-1010

Le Poisson d'Avril se trouve au Vieux-Port. Il est installé dans une vieille maison qui arbore pierres et poutres de bois pour le plaisir de tous. Le décor est rehaussé d'un éclairage judicieux et du tissu à motifs de coquillages des chaises. Au menu figurent des pâtes, des grillades et des fruits de mer bien apprêtés. Essayez les moules.

Escalier Casse-Cou

Deux bons restaurants sont accrochés dans le pittoresque escalier Casse-Cou, qui mène au Petit-Champlain. Tout en haut, sur deux niveaux, Chez Rabelais ($$$-$$$$; 2 rue du Petit-Champlain, ☎694-9460) propose un menu de cuisine française avec beaucoup de fruits de mer. Un peu plus bas se trouve le Marie-Clarisse ($$$-$$$$; 12 rue du Petit-Champlain, ☎692-0857), où tout est bleu comme la mer, sauf les murs de pierres. Et pour cause, puisqu'on s'y spécialise dans les poissons et fruits de mer! Ces mets apprêtés de divine façon vous sont servis dans une belle salle à la décoration très réussie. Le froid venu, on réchauffe les «convives-passagers» avec un bon feu de foyer.

♥ L'Échaudé ✕
$$$-$$$$
73 rue Sault-au-Matelot
☎692-1299
L'Échaudé est un attrayant restaurant où l'on a opté pour un cadre Art déco avec plancher carrelé et mur recouvert de miroir. Ambiance détendue. Fine cuisine composée au jour le jour au gré des arrivages du marché, et délicieuse à souhait.

Initiale ✕
$$$$
54 rue St-Pierre
☎694-1818
C'est dans une ancienne banque de la rue Saint-Pierre, avec ses hauts plafonds et ses moulures que le restaurant Initiale a installé ses quartiers. Autrefois situé à Sillery, l'établissement a entraîné avec lui sa clientèle grâce aux mets créés par le chef Yvan Lebrun. Celui-ci sait concocter une fine cuisine dans laquelle l'agneau, le saumon, le filet mignon et les rognons côtoient le foie gras poêlé et même, pour les aventuriers, le pigeon! Le décor classique, ponctué des rectangles de lumière dessinés par les hautes fenêtres et par le demi-cercle du bar, se double d'une ambiance légèrement guindée, mais à l'accueil aimable.

♥ Laurie Raphaël ✕
$$$$
117 rue Dalhousie
☎692-4555
Bien connu, le chef et copropriétaire du Laurie Raphaël, Daniel Vézina, figure parmi les meilleurs chefs cuisiniers du Québec. Pour composer ses délices, le chef s'inspire de toutes les cuisines du monde et apprête, entre autres plats, ris de veau, pétoncles et viande d'autruche d'une manière originale. Donc pas besoin de vous préciser qu'au Laurie Raphaël on mange bien! Occupant des locaux spacieux avec mur extérieur formant un demi-cercle entièrement vitré, il offre un décor chic, agrémenté de rideaux blanc

crème, de couleurs sable et terre, ainsi que de quelques objets en fer forgé.

SAINT-JEAN-BAPTISTE

Palace Royal ⊫⊫
$$$
≈, ℜ, ≡, ☉, △, ⊛, &
775 av. Dufferin
☎694-2000 ou 800-567-5276
≠380-2552
www.jaro.qc.ca
Nouvellement érigé près de la place D'Youville, cet hôtel comptant quelque 230 chambres se veut, sans être de la plus haute catégorie, un établissement des plus confortables. Les chambres entourent une cour intérieure surmontée d'un large puits de lumière et qui accueille une petite piscine, un bassin à remous, quelques fontaines et des plantes qui créent un bel effet. Certaines suites se prolongent d'un balcon donnant sur cette cour. La décoration des chambres, qui s'orne de frises, de lampes à motifs et de rideaux drapés, arbore un style classique.

Radisson Hôtel Québec Centre ⊫⊫
$$$
≡, ≈, ☉, △, ℜ, &
690 boul. René-Lévesque E.
☎647-1717 ou 888-884-7777
≠647-2146
Le Radisson Hôtel Québec Centre est relié au Centre des congrès de Québec et au centre commercial Place Québec. Cette tour abrite plus de 377 chambres, toutes joliment décorées. Les chambres régulières sont garnies d'un mobilier de pin d'aspect un peu rustique mais élégant. Tout au long de l'année, les hôtes peuvent profiter d'une piscine extérieure chauffée.

♥ Hôtel du Capitole ⊫⊫✕
$$$$
≡, ⊛, ℜ
972 rue St-Jean
☎694-4040 ou 800-363-4040
≠694-1916
www.lecapitole.com
Adjacent au magnifique Théâtre du Capitole, l'Hôtel du Capitole est établi dans les pièces qui ceinturent le bâtiment. Sa petite entrée, cachée dans l'imposante structure, se fait fort discrète. Le décor de l'hôtel n'a rien de luxueux, mais il est amusant. Ainsi, le mobilier des chambres rappelle un

décor de théâtre. Le restaurant de l'hôtel du Capitole, Il Teatro **($$$)**, sert une fine cuisine italienne. Dans une belle salle au fond de laquelle s'étale un long bar et autour de laquelle miroitent de grandes fenêtres, cette délicieuse cuisine vous sera servie avec courtoisie. En été, on aménage une terrasse protégée du va-et-vient de la place D'Youville.

Capitole de Québec

Le Hobbit ✕
$$
700 rue St-Jean
☎647-2677

Le Hobbit est installé depuis plusieurs années dans une vieille maison du faubourg Saint-Jean-Baptiste. Ses murs de pierres, son plancher carrelé et ses grandes fenêtres qui s'ouvrent sur l'animation de la rue Saint-Jean attirent toujours autant les gens. L'endroit se divise en deux salles: la première partie, de style café, où l'on peut s'éterniser en sirotant un espresso et manger une bouchée; la deuxième étant la salle à manger, où l'on propose un délicieux menu qui varie chaque jour et qui satisfait toujours. Y sont régulièrement exposées des œuvres d'artistes locaux.

La Pointe des Amériques ✕
$$
964 rue St-Jean
☎694-1199

La Pointe des Amériques est installé au cœur de l'animation de la place D'Youville. Ce vaste établissement au décor esthétique et raffiné, où règnent la brique et le bois, vous sert en spécialité de la pizza haut de gamme. Laissez-vous

tenter par les multiples garnitures inspirées par les cuisines du monde. Si vous êtes plusieurs, vous pouvez même en choisir chacun une et demander qu'on distribue une pointe à chacun. Au moins une d'elles saura vous charmer complètement!

Carthage ✕
$$-$$$
399 rue St-Jean
☎529-0576

Le Carthage est un superbe restaurant au décor typiquement maghrébin. Le plafond est travaillé et garni de dorures. Les boiseries, de couleur acajou, sont partout présentes, de même que de nombreux objets de décoration tunisiens. Une belle expérience gastronomique vous y attend. Assis au ras du sol sur un coussin, sur un tabouret ou tout simplement à une table, vous serez ravi par les spécialités tunisiennes, tels les couscous aux légumes, aux merguez ou au poulet. Des spectacles de danse du ventre animent parfois la salle et invitent à la célébration.

La Grolla ✕
$$-$$$
815 côte d'Abraham
☎529-8107

Le restaurant La Grolla vous plonge tout droit dans l'atmosphère chaleureuse d'un chalet suisse. Les poutres de bois, les petites fleurs séchées et même le traditionnel coucou suisse sont de la partie. Auprès d'un bon feu de bois, régalez-vous de raclette, de fondue, de röstis ou de crêpes de sarrasin. Le service est assuré par des dames expertes dans l'art de vous mettre à l'aise. Leur cidre est doux et délicieux, mais, bien que cela ne soit pas précisé sur le menu, il est non alcoolisé.

La Playa ✕
$$$
780 rue St-Jean
☎522-3989

Dans un beau décor chaud, le petit restaurant La Playa propose un menu de cuisine californienne et d'autres cuisines méridionales. Les pâtes sont à l'honneur, relevées de sauces savoureuses, telle celle au poulet tandouri. On y prépare aussi une table d'hôte où figurent viandes et poissons apprêtés de délicieuse façon. En été, La Playa ouvre sa mignonne terrasse arrière.

SAINT-ROCH
♥ L'Autre Jardin ⊨
$$ pdj
≡

365 boul. Charest Est
☎523-1790 ou 877-747-0447
⇄523-9735
www.autrejardin.com

L'Autre Jardin est une auberge pas ordi-
naire. Elle est née grâce à une initiative de
Carrefour Tiers-Monde, une ONG qui
travaille dans le domaine du développe-
ment international. Tous les profits de
l'auberge sont donc réinvestis dans des
projets de solidarité internationale. N'est-
ce pas là une formidable manière de dé-
penser votre argent: vous dorloter dans
une auberge confortable et appuyer du
même coup des réalisations visant
l'amélioration des conditions sociales, au
Nord comme au Sud? Le décor de
l'auberge, qui compte quatre niveaux, est
simple mais chaleureux, avec quelques
petites touches d'originalité. Le service est
souriant et accueillant.

Les Salons d'Edgar ✕
$-$$
soirs mer-dim
263 De St-Vallier E.
☎523-7811

Dans ces attrayants Salons d'Edgar, qui font
aussi office de bar, on sert une cuisine
simple et fortifiante. L'ambiance feutrée
crée un décor un peu théâtral, propice à
la détente et aux rencontres.

La Part du Diable ✕
$$
275 De St-Vallier Est
☎522-3666

Le restaurant La Part du Diable a récem-
ment remplacé l'Impasse des Deux Anges
dans un joli local de la rue De Saint-Vallier.
Est-ce que le lieu a changé de vocation?
Une chose est sûre, on n'est pas ici en
enfer, même si en hiver un bon feu de
bois réchauffe les convives, ou plutôt
l'atmosphère! Un menu de
pizzas, de sandwichs, de plats
de bœuf et de
volaille, sans ou-
blier les amuses-
gueule qui savent
se faire remarquer,
attise la tentation.

Le Sainte-Victoire ✕
$$$-$$$$
380 boul. Charest Est
☎525-5656

Au milieu de la salle trône un piano à
queue d'où émanent des thèmes de jazz
les vendredis et samedis soirs. Ça donne
le ton. Le reste du décor rouge et or de
ce bistro a été créé sur le même air: ban-
quettes, boiseries, grandes fenêtres...
Derrière le rideau, en cuisine, officie Jean-
François Girard, un jeune chef d'orchestre
talentueux. Il semble qu'il aime particuliè-
rement exercer son art avec les poissons,
mais sa carte prouve qu'il connaît d'autres
mélodies: pintades, agneau, canard, che-
val... Tous ses plats s'accordent en une
belle symphonie!

LE VIEUX-QUÉBEC
Le Clos Saint-Louis ⊨
$$-$$$ pdj
bc/bp, ⊛, ≡, ℑ
71 rue St-Louis
☎694-1311 ou 800-461-1311
⇄694-9411

Rue Saint-Louis, deux imposantes maisons
victoriennes datant de 1844 logent Le
Clos Saint-Louis. Les 25 chambres de cet
hôtel, situé au cœur des attraits du
Vieux-Québec, se répartissent sur quatre
niveaux. Toutes sont aménagées afin de
rendre leur côté historique encore plus
chaleureux, avec, ici un lit à baldaquin, là
une vieille cheminée ou une bibliothèque.
Celles de l'étage sont particulièrement
attrayantes avec leurs murs de pierres et
leurs poutres apparentes. Les salles de
bain, même si certaines sont partagées,
s'avèrent modernes et

Porte Saint-Louis

bien équipées. Croissants et café sont servis au sous-sol le matin.

Cap-Diamant |═══|
$$$
≡, ℝ, ℑ
39 av. Ste-Geneviève
☎694-0313
www.hcapdiamant.qc.ca

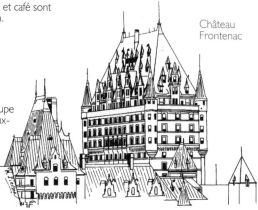

Château Frontenac

L'hôtel Cap-Diamant occupe une vieille maison du Vieux-Québec. Une maison dont on meurt d'envie qu'elle nous raconte les histoires qui se sont passées dans ses murs... C'est l'endroit tout désigné si vous désirez vous tremper dans l'atmosphère d'autrefois. Le long escalier, les planchers qui craquent, la tapisserie: son style vieillot lui donne beaucoup de cachet. En été, vous pouvez profiter d'une jolie galerie et d'une cour fleurie où coule une petite source.

♥ Hôtel Clarendon |═══|
$$$
ℜ, ≡, ⊛
57 rue Ste-Anne
☎692-2480 ou 888-554-6001
⇌692-4652
www.hotelclarendon.com

Construit en 1870, l'Hôtel Clarendon est le plus vieil hôtel de Québec. Quoique l'extérieur du bâtiment soit d'aspect très simple, sa décoration intérieure, de style Art déco, se révèle gracieuse. Le hall est d'ailleurs fort beau. Au cours des ans, les chambres ont été rénovées et sont aujourd'hui spacieuses et confortables. Il s'agit d'une excellente adresse dans la vieille ville.

♥ Château Frontenac |═══|✕
$$$$$
≡, ℜ, ≈, ⊘, ⊛, ⚿
1 rue des Carrières
☎692-3861 ou 800-441-1414
⇌692-1751
www.fairmont.com

Se dressant fièrement dans le Vieux-Québec, sur le cap surplombant le fleuve Saint-Laurent, le Château Frontenac est sans doute le bâtiment le plus célèbre de la ville. Pénétrez dans son hall élégant aux couleurs chaudes et orné de boiseries, et laissez-vous entraîner sur les chemins de

l'histoire. Le Château Frontenac, construit en 1893, fut en effet l'hôte de plusieurs événements historiques. Partout le décor est d'une richesse classique et raffinée, réellement digne d'un château. Son restaurant peut aussi vous faire goûter la vie de château. Le luxe des chambres procure aux visiteurs le meilleur confort possible. Les dimensions et les avantages des 618 chambres du Château varient beaucoup, mais elles sont toutes agréables. Certaines du côté du fleuve possèdent de beaux oriels qui dévoilent, il va sans dire, une vue magnifique. Sur la terrasse Dufferin, dans le Château Frontenac, se trouve le Café de la Terrasse ($$$$). Ses baies vitrées dévoilent la vue sur la terrasse. Son décor est agréable et sa cuisine française délicieuse. Le Champlain ($$$$) est le restaurant du Château Frontenac. Son décor est, il va de soi, des plus luxueux et sied bien au faste de l'endroit. Sa fine cuisine française est, elle aussi, fidèle à la renommée du château. Son chef, Jean Soular, qui a déjà publié ses recettes, tente toutefois d'ajouter une touche originale à cette cuisine classique. Service impeccable par serveurs en livrée.

♥ Chez Temporel ✕
$
25 rue Couillard

Chez Temporel, on déguste une cuisine entièrement préparée sur place. Que vous choisissiez un croissant pur beurre, un croque-monsieur, une salade ou le plat du jour, vous êtes assuré que ce sera bon et frais. On y trouve en prime le meilleur espresso en ville! Les serveurs et serveu-

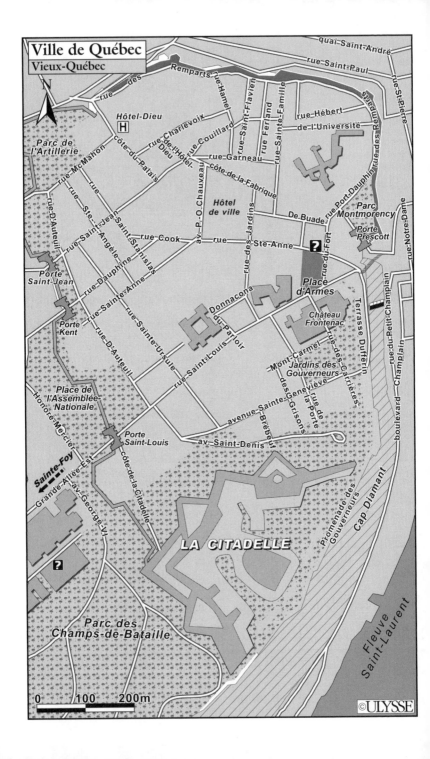

ses sont parfois débordés, mais, si vous savez être compréhensif, ils sauront vous le rendre au centuple. Cachés dans un détour de la petite rue Couillard depuis plus de 20 ans, les deux niveaux du Temporel ont vu défiler une clientèle de tous les âges et de toutes les tendances. Ouvert tôt le matin jusque tard le soir.

Le Petit Coin Latin ✕
$
8½ rue Ste-Ursule
☎692-2022

Au Petit Coin Latin, on savoure une cuisine maison dans une ambiance de café parisien. Ses banquettes et ses miroirs trônent dans une atmosphère conviviale et détendue. Son menu propose croûtons au fromage, quiches et pâtés. On peut aussi se rassasier de raclette sur un petit gril que le personnel dépose sur votre table, laquelle est servie avec pommes de terre et charcuteries. Un délice! En été, une jolie terrasse entourée de pierres s'ouvre à l'arrière; on peut s'y rendre directement de la rue en passant par la porte cochère.

Le Chantauteuil ✕
$-$$
1001 rue St-Jean
☎692-2030

Le Chantauteuil se présente comme un restaurant-bar très mignon. Le décor, tout ce qu'il y a de plus bistro parisien, est vraiment coquet: dentelle aux fenêtres, murs de pierres, tableaux de bon goût. Le tout a beaucoup de personnalité, et le service s'avère amical. La communication peut facilement s'établir entre la clientèle tout public et le personnel. Le midi, on y sert un menu du jour finement apprêté. Cuisine légère de croque-monsieur et de sandwichs servie à toute heure.

Terrasse
Dufferin

Café Serge Bruyère ✕
$$-$$$
1200 rue St-Jean
☎694-0618

La Maison Serge-Bruyère, une institution du Vieux-Québec, est installée dans la maison Livernois, une grande résidence bourgeoise construite au XIXe siècle. Elle abrite trois restaurants, dont le raffinement augmente à mesure qu'on en franchit les paliers, le dernier étage étant occupé par La Grande Table (voir à la fin du chapitre). Au rez-de-chaussée, on a tout simplement installé un café qui propose un court menu typique (salades, sandwichs et viennoiseries s'accompagnant d'une bière ou d'un espresso). Au sous-sol, sous les voûtes, un pub irlandais, le Pub St-Patrick, sert des bières de toutes sortes et accueille certains soirs des concerts de musique celtique.

Chez Livernois ✕
$$-$$$
1200 rue St-Jean
☎694-0618

Dans la Maison Serge-Bruyère, on trouve le bistro Chez Livernois. Cette grande demeure du XIXe siècle est en effet connue pour avoir abrité, à partir de 1889, le studio de photographie de Jules Livernois. On y sert une fine cuisine, composée essentiellement de pâtes et de grillades, dans une atmosphère un peu plus décontractée qu'à La Grande Table (voir à la fin du chapitre).

♥ Les Frères de la Côte ✕
$$-$$$
1190 rue St-Jean
☎692-5445

Les Frères de la Côte proposent une savoureuse cuisine bistro. On y mange des pizzas à pâte mince cuites au four à bois et garnies de délicieux ingrédients frais, ainsi que des pâtes, des grillades, etc. Soirées spéciales de moules et frites à volonté! L'atmosphère animée est décontractée, et l'endroit est souvent bondé, un reflet de la rue Saint-Jean, que l'on peut observer par de grandes fenêtres.

Au Café Suisse ✕
$$$
32 rue Ste-Anne
☎694-1320

Tous les types de fondues sont disponibles au Café Suisse: suisse, chinoise ou bourguignonne (et même aux fruits de mer). La raclette et les grillades font également partie du menu. Des plats plus légers peuvent aussi être servis. Une terrasse donnant sur la rue piétonne Sainte-Anne rendra votre souper encore plus agréable en été. Vous pourrez y regarder les artistes peintres et les caricaturistes s'exécuter ou entendre, à l'occasion, des musiciens de rue.

♥ Café de la Paix ✕
$$$
44 rue des Jardins
☎692-1430
Sur la petite rue des Jardins, dans un local tout en long, quelques marches plus bas que le trottoir, se trouve le Café de la Paix. Ce restaurant ouvert depuis des années jouit d'une solide réputation auprès des gens de Québec. On y sert un menu de cuisine française classique où se côtoient cuisses de grenouille, bœuf Wellington, lapin à la moutarde et saumon grillé.

Angle avenue Sainte-Geneviève
et rue Saint-Ursule

♥ L'Élysée-Mandarin ✕
$$$
65 rue D'Auteuil
☎692-0909
L'Élysée-Mandarin propose une fine cuisine séchuanaise, cantonaise et pékinoise dans un décor rehaussé d'un petit jardin intérieur et de sculptures et vases chinois. Les plats sont toujours succulents, et le service, dans ce restaurant qui a aussi pignon sur rue à Montréal et à Paris, est des plus courtois. Si vous êtes plusieurs, essayez un menu dégustation: il serait

dommage de ne pas goûter le plus de mets possible!

♥ À la Bastille Chez Bahüaud ✕
$$$
47 av. Ste-Geneviève
☎692-2544
Le restaurant À la
Bastille Chez Bahüaud, entouré de nombreux arbres, est situé à proximité des plaines d'Abraham. Une magnifique tranquillité règne sur la terrasse, idéale pour un dîner en amoureux par un soir de pleine lune. À l'intérieur, une table de billard complète un décor à la fois raffiné et confortable, tandis qu'au sous-sol le bar au style très charmeur offre une ambiance intime. Une fine cuisine française vous y attend.

Auberge du Trésor ✕
$$$-$$$$
20 rue Ste-Anne
☎694-1876
C'est dans une vieille maison construite en 1679 sous le Régime français qu'est aménagée l'Auberge du Trésor. La clientèle, essentiellement touristique, y savoure de la cuisine française dans une ambiance de vieux manoir français. Pendant la belle saison, il peut être agréable de prendre un verre sur la terrasse, qui offre un point de vue magnifique sur le Château Frontenac et sur toute l'animation de la place d'Armes, juste en face. Musiciens en soirée. Soyez tout de même prévenu qu'il peut s'avérer coûteux de prendre un simple café à l'extérieur.

La Caravelle ✕
$$$-$$$$
68 ½ rue St-Louis
☎694-9022
Située sur la touristique rue Saint-Louis, La Caravelle ne manque pas d'animation à toute heure du jour et de la nuit. Une clientèle tout azimut s'y presse dans un décor riche et esthétique. Les murs de pierres, les boiseries, les lustres et les plantes bien fournies contribuent à rendre l'atmosphère chaleureuse et confortable. Un personnel attentionné à vos moindres désirs se fera un plaisir de vous servir. Tous les soirs, un chansonnier s'y produit en spectacle et met de la fébrilité dans l'air. On y sert une cuisine française exquise tout en se permettant quelques incursions du côté de la cuisine espagnole.

Maison Jacquet

onctueuses au goût relevé qui rendent le tout inoubliable pour les papilles.

Le Gambrinus ✕
$$$-$$$$
15 rue du Fort
☎692-5144

Le Gambrinus est un beau restaurant au décor intéressant dont la réputation n'est plus à faire auprès de la population de Québec. Vous serez accueilli dans un décor de fenêtres à carreaux à demi habillées de rideaux de dentelle. L'ensemble de la salle est garni de lierre, tandis que de magnifiques assiettes décoratives agrémentent les murs. Ambiance on ne peut plus agréable dans un décor invitant et chaud. Les soirs d'été, on a le plaisir d'entendre un joyeux troubadour qui rend l'atmosphère encore plus invitante. Une terrasse donne directement sur le Château Frontenac. Cuisine française et grande variété de poissons et de fruits de mer.

Le Continental ✕
$$$-$$$$
26 rue St-Louis
☎694-9995

Le Continental est installé à deux pas du Château Frontenac, à l'intérieur d'une maison historique où est né Louis-Alexandre Taschereau, premier ministre du Québec de 1922 à 1936. Il s'agit aussi de l'un des plus vieux restaurants de Québec. Son menu présente une cuisine continentale où l'on retrouve des fruits de mer, de l'agneau, du canard, etc. Service au guéridon dans une grande salle confortable.

Aux Anciens Canadiens ✕
$$$-$$$$
34 rue St-Louis
☎692-1627

Établi dans la plus vieille maison de la Haute-Ville, la maison Jacquet, le restaurant Aux Anciens Canadiens propose les spécialités traditionnelles du Québec. Ici on peut goûter le jambon au sirop d'érable, les fèves au lard et la tarte aux bleuets.

♥ Café d'Europe ✕
$$$-$$$$
27 rue Ste-Angèle
☎692-3835

Le Café d'Europe présente un décor sobre et un peu vieillot. L'exiguïté des lieux et l'achalandage de certains jours peuvent rendre l'endroit assez bruyant. Le service s'avère courtois et personnalisé. Fine cuisine française et italienne, traditionnelle dans sa présentation, raffinée dans ses sauces et généreuse dans ses portions. Service de flambées impeccable et sauces

Guido Le Gourmet ✕
$$$-$$$$
73 rue Ste-Anne
☎692-3856

Le restaurant de Guido Le Gourmet vous entraîne dans le monde de la fine gastronomie. Son menu de cuisine française et italienne vous propose cailles, veau, saumon et autres délices de la terre et de la mer. Son décor est chic. Sur les tables, de belles grandes assiettes vous promettent mer et monde. Brunchs les dimanches.

Le Saint-Amour ✕
$$$-$$$$
48 rue Ste-Ursule
☎694-0667

Le Saint-Amour est, depuis quelques années déjà, l'un des meilleurs restaurants de Québec. Le chef et copropriétaire Jean-Luc Boulay élabore une succulente cuisine créative qui ravit autant la vue que le goût. Dans la chocolaterie, à l'étage, on confectionne des desserts absolument divins. Une vraie expérience gastronomique! De plus, l'endroit est beau, confortable et chaleureux. Il est égayé par une verrière, ouverte à longueur d'année et décorée de plantes et de fleurs de toutes sortes. Les beaux jours d'été, on en retire le toit pour en faire une terrasse ensoleillée. Service de voiturier.

♥ **La Grande Table
de Serge Bruyère** ✕
$$$$
fermé le midi
1200 rue St-Jean
☎694-0618

La Grande Table de Serge Bruyère a une solide réputation qui s'étend bien au-delà des murs qui ceinturent la vieille ville. Cette réputation, établie d'abord par l'excellent et regretté cuisinier qui a laissé son nom à l'endroit, se maintient d'année en année grâce au doigté de différents chefs reconnus. Depuis le début de l'année 2000, Martin Côté, un ancien élève de Serge Bruyère, a repris le flambeau après avoir sillonné le monde afin de parfaire son art. Il crée de magnifiques assiettes de gastronomie française aux sauces fines et onctueuses à souhait. La Grande Table est installée au dernier étage de la maison historique qui s'élève entre les rues Garneau et Couillard, dans un beau décor paré de tableaux de peintres québécois. Service de voiturier.

Pont de Québec

Région de Québec

La région de Québec recèle plusieurs attraits d'envergure. Notons entre autres les destinations de ski et de villégiature que sont le mont Sainte-Anne et le lac Delage; la merveilleuse île d'Orléans, un petit morceau de la Nouvelle-France qui a survécu jusqu'à nos jours; Sainte-Anne-de-Beaupré, grand centre de pèlerinage en Amérique du Nord!

Pour toutes ces raisons, l'industrie hôtelière est d'une importance capitale, et l'on y retrouve de nombreux établissements de qualité.

Indicatif régional: 418

LES SÉJOURS 🛏

La grande région de Québec compte plus de 400 établissements d'hébergement touristiques répartis dans une quarantaine de municipalités.

LE CHEMIN DU ROY

Deschambeault, Portneuf et Cap-Santé sont quelques-uns des villages bordant la rive nord du Saint-Laurent. Ces villages sont des témoins de l'époque du Régime français. Vous y dénicherez de belles auberges sympathiques installées dans de vieilles demeures ancestrales.

L'aéroport international Jean-Lesage est situé à Sainte-Foy. On trouve donc dans cette ville de nombreux hôtels urbains modernes, particulièrement appréciés des gens d'affaires. Plusieurs des touristes qui visitent la capitale québécoise choisissent Sainte-Foy comme point de chute. Normal puisque la ville se trouve au carrefour des principales routes et autoroutes de la capitale. Le parc hôtelier est généralement de grande qualité, et les hôtels sont de construction récente. Fait intéressant, il y a autant d'hôtels de grande capacité à Sainte-Foy qu'à Québec. Pour la plupart, ces hôtels font partie de grandes chaînes réputées.

LA VALLÉE DE LA JACQUES-CARTIER

La vallée de la Jacques-Cartier est située au nord de la ville de Québec; avec ses nombreux lacs et montagnes, c'est le «terrain de jeu» des résidants de la capitale. S'y trouvent de nombreux centres touristiques quatre-saisons où l'on peut s'adonner à une large gamme d'activités (équitation, ski, nautisme). Les municipalités de Stoneham-et-Tewkesbury, Lac-Beauport et Lac-Delage regroupent plusieurs centres de villégiature.

LA CÔTE DE BEAUPRÉ

La côte de Beaupré est aussi reconnue pour la richesse de son patrimoine, qui date souvent de l'époque de la Nouvelle-France. L'endroit a deux pôles touristiques importants: la basilique Sainte-Anne-de-Beaupré et le mont Sainte-Anne.

Sainte-Anne-de-Beaupré est un lieu de pèlerinage unique en Amérique du Nord et, bon an mal an, y défilent de nombreux touristes. La ville compte une quinzaine de motels et d'hôtels, soit un chapelet d'établissements disposés le long du boulevard Sainte-Anne. Le but premier des visiteurs est évidemment de faire un pèlerinage et non de faire un séjour dans une

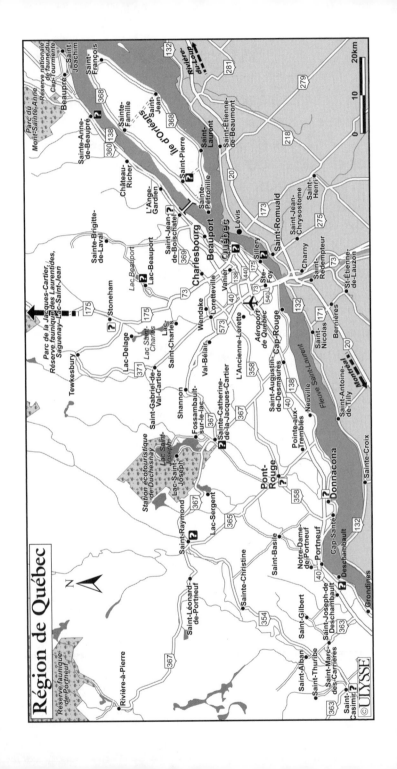

Région de Québec

©ULYSSE

hôtellerie de luxe. Les motels et hôtels du secteur sont donc pour le moins anonymes.

Beaupré et Saint-Ferréol-les-Neiges sont deux communautés qui accueillent les touristes se rendant au mont Sainte-Anne. Comme les autres grandes destinations de ski du Québec, l'emphase est mise sur les établissements de type villégiature. On y a érigé depuis les années 1970 de nombreux condominiums et chalets.

L'ÎLE D'ORLÉANS

En traversant le pont de l'île, on n'est qu'à quelques kilomètres de Québec, que vous pouvez même voir au loin... Malgré ce fait, aller à l'île d'Orléans, c'est faire un voyage dans le passé. On a su préserver son caractère originel: point de casse-croûte, de centres commerciaux ou d'autres constructions modernes qu'on trouve dans les grandes villes.

L'île d'Orléans était très populaire à la fin du XIXe siècle auprès de la haute bourgeoisie de la capitale, et ces estivants ont fait construire de majestueuses villas.

À l'île d'Orléans, on dénombre près d'une cinquantaine de gîtes touristiques! On peut s'en procurer la liste au bureau d'information touristique. On y trouve aussi quelques auberges dont la réputation n'est plus à faire. Vous avez donc toutes les possibilités de faire durer le plaisir d'un séjour dans cette île ensorceleuse.

LES DÉLICES ✕

Dans la région de Québec, on trouve une concentration de bonnes tables à Sainte-Foy, sur la côte de Beaupré et dans les villages de l'île d'Orléans.

LES ADRESSES

BEAUPORT
♥ **Manoir Montmorency** ✕
$$$-$$$$
fermé jan
2490 av. Royale
☎663-3330
Planté en haut de la chute Montmorency, le Manoir Montmorency bénéficie d'un site superbe. De la salle à manger entourée de baies vitrées, on a une vue absolument magnifique sur la chute ainsi que sur le fleuve et l'île d'Orléans. Dans cette salle à manger agréablement décorée, on sert une fine cuisine d'inspiration française, préparée à partir des meilleurs produits de la région. Une belle expérience pour la vue et pour le goût! Sur présentation de votre reçu d'addition ou en mentionnant votre réservation, vous éviterez de payer les frais de stationnement du parc de la Chute-Montmorency, où se dresse le Manoir.

BEAUPRÉ (MONT-SAINTE-ANNE)
♥ **La Camarine** ⊨✕
$$-$$$
≡, ⊛, ℑ, ℜ
10947 boulevard Ste-Anne
☎827-5703 ou 800-567-3939
⇄827-5430
www.camarine.com
La Camarine se dresse en face du fleuve Saint-Laurent. Cette mignonne petite auberge de qualité supérieure loue une trentaine de chambres. Le décor allie harmonieusement l'aspect rustique de la maison avec un mobilier de bois aux lignes modernes. L'endroit est charmant. La Camarine abrite un excellent restaurant ($$$$) où l'on sert une nouvelle cuisine québécoise. La salle à manger est un lieu paisible au décor très simple.

Manoir Montmorency

Votre attention sera éveillée par les petits plats originaux que l'on vous présentera. Au sous-sol de l'auberge se trouve un autre petit restaurant, le Bistro, ouvert en hiver, proposant le même menu que la salle à manger. Pourvu d'un foyer, cet endroit chaleureux est particulièrement apprécié après une journée de ski. En fin de soirée, on peut s'y rendre pour prendre un verre.

CHÂTEAU-RICHER

♥ Auberge Baker ⊨×
$$-$$$ pdj
≡, ⊛, ℂ, ℑ, ℜ
8790 avenue Royale
☎824-4478 ou 886-824-4478
⇌824-4412
www.auberge-baker.qc.ca

L'Auberge Baker est installée dans une maison centenaire de la côte de Beaupré. Ses murs de pierres, ses plafonds bas, ses planchers de bois et ses fenêtres à large encadrement charment le visiteur. Ses cinq chambres occupent des combles un peu sombres, mais à cet étage on trouve aussi une cuisinette, une salle de bain et une terrasse attenante. Elles ont été décorées avec soin, par souci d'authenticité, et meublées d'antiquités. L'Auberge Baker possède deux salles à manger ($$$$), l'une aux murs de pierres et avec foyer, et l'autre au décor un peu froid. Au menu figure une bonne cuisine traditionnelle québécoise. Gibier, viande et volaille sont bien apprêtés et présentés avec soin.

♥ Auberge du Sault-à-la-Puce ⊨×
$$ pdj
⊛, ℜ
8365 avenue Royale
☎824-5659
⇌824-5669

Marie-Thérèse Rousseau et Michel Panis ont quitté la ville pour s'installer sur la côte de Beaupré, dans une belle demeure du XIXe siècle coiffée d'un toit mansardé. Ils ont baptisé l'endroit l'Auberge du Sault-à-la-Puce, car l'établissement est voisin d'une petite rivière ponctuée de minuscules rapides. Les hôtes peuvent se prélasser sur la véranda victorienne, garnie de meubles de jardin, tout en écoutant le doux clapotis de l'eau. Les cinq chambres que compte l'Auberge sont dotées d'élégants meubles en fer qui offrent un contraste

intéressant avec les boiseries rustiques des murs. Elles possèdent toutes leur propre salle de bain, mais, dans certaines d'entre elles, l'habituelle baignoire a été remplacée par une simple douche, question de pouvoir composer avec l'espace disponible. Le chef du restaurant de l'Auberge du Sault-à-la-Puce ($$$) prépare avec soin chacun des plats qu'il concocte et y intègre les fruits et les légumes de son jardin. Il met également à l'honneur les produits locaux, comme les viandes et les volailles des villages voisins. L'établissement propose une carte restreinte comprenant trois ou quatre plats d'inspiration française ou italienne. L'entrée de tartare de saumon est un pur délice!

♥ Auberge du Petit Pré ⊨
$$ pdj
bc, ℜ
7126 avenue Royale
☎824-3852
⇌824-3098

L'Auberge du Petit Pré loge dans une maison du XVIIIe siècle. Ici vous aurez droit à un accueil des plus attentionnés. Ses quatre chambres sont douillettes et décorées avec goût. On y trouve une verrière, ouverte durant les beaux jours, deux salons, l'un avec téléviseur et l'autre avec foyer, ainsi que deux salles de bain avec baignoire sur pattes. Le petit déjeuner est généreux et finement préparé. L'aubergiste cuisinier pourra d'ailleurs, s'il est prévenu d'avance, vous concocter, pour le dîner, l'un de ses délicieux repas dont l'arôme envahira la maison, ajoutant ainsi à la chaleur de l'endroit.

DESCHAMBAULT

♥ Auberge Chemin du Roy ⊨
$$-$$$ pdj
ℜ
106 rue St-Laurent
☎286-6958 ou 800-933-7040
www.cheminduroy.com

La vieille maison victorienne de l'Auberge Chemin du Roy s'élève sur un beau terrain où coule une chute et où poussent de bons légumes et de multiples fleurs. On y trouve huit chambres décorées de dentelles et d'antiquités, et réparties le long d'un de ces petits couloirs tortueux qu'on retrouve dans les vieilles maisons de ce type. Dans la salle à manger, où le décor est chaleureux, on sert une bonne cuisine variée. Les propriétaires prennent un grand soin du terrain, de l'Auberge et de leurs hôtes.

♥ Maison Deschambault ⌂✕
$$$ pdj
ℜ
128 chemin du Roy
☎286-3386
⇌286-4064
www.quebecweb.com/deschambault

La Maison Deschambault propose cinq chambres de grand confort, décorées de motifs de fleurs dans des tons pastel. On y trouve aussi un petit bar, une salle à manger, une salle de réunion ainsi que des services de massothérapie. Le tout dans le cadre enchanteur d'une ancienne gentil-hommière d'un site paisible invitant à la détente. L'auberge de la Maison Des-chambault est dotée d'un restaurant réputé (**$$$**) pour l'excellence de son menu mettant en valeur la fine cuisine française et certaines des spécialités de la région. Ce restaurant bénéficie d'un cadre tout à fait enchanteur.

ÎLE D'ORLÉANS

♥ Le Vieux Presbytère ⌂
$$-$$$ pdj
ℜ, bc/bp
1247 avenue Monseigneur-D'Esgly, St-Pierre
☎828-9723 ou 888-828-9723
⇌828-2189
www.presbytere.com

L'auberge Le Vieux-Presbytère occupe effectivement un ancien presbytère juste derrière l'église du village. Ici règnent la pierre et le bois. Les plafonds bas tra-versés par de larges poutres, les fenêtres à large encadrement, les antiquités telles que catalognes de lit et tapis tressés, vous

transporteront à l'époque de la Nouvelle-France. La salle à manger et le salon sont invitants. Il s'agit d'un endroit tranquille au charme rustique.

♥ Le Canard Huppé ⌂✕
$$$-$$$$ pdj
≡, ℑ, ≈, ℜ, ⊛
2198 chemin Royal, St-Laurent
☎828-2292 ou 800-838-2292
⇌828-0966
www.canard-huppe.qc.ca

L'Auberge Canard Huppé jouit, depuis quelques années, d'une très bonne répu-tation. Ses chambres réparties dans deux maisons ancestrales, se révèlent propres et confortables, et offrent un décor cham-pêtre parsemé de canards de bois. L'ac-cueil est attentionné, et, puisque l'établissement est situé à l'île d'Orléans, il est entouré de beaux paysages. L'auberge sert une fine cuisine d'inspiration française (**$$$-$$$$**). Apprêtés à partir des produits frais qui abondent dans la région et des spécialités de l'île, comme le canard, la truite et les produits de l'érable, ses petits plats sauront ravir les plus exigeants. L'endroit est un peu sombre puisque la couleur vert forêt y prédomine, mais le décor se veut champêtre et est somme toute agréable.

♥ La Goéliche ✕
$$$-$$$$
22 ch. du Quai, Ste-Pétronille
☎828-2248

La salle à manger de La Goéliche n'a malheureusement plus l'envergure qu'offrait l'ancien édifice. Elle demeure quand même agréable, et sa verrière continue à dévoiler l'une des plus belles vues sur la ville de Québec. Vous pourrez y déguster une fine cuisine française: cailles farcies, noisettes d'agneau, râble de lapin.

Moulin de Saint-Laurent ✕
$$$-$$$$
mai à mi-oct
754 ch. Royal, St-Laurent
☎829-3888

Le Moulin de Saint-Laurent propose une cuisine québécoise dans un agréable décor antique. Dans une vaste salle à manger qui accueille régulièrement les groupes, les chai-ses et les poutres de bois, les murs de pierres ainsi que les ustensiles de cuivre suspen-dus çà et là concordent à

Maison «canadienne»

mettre en valeur le vieil édifice. La nourriture est bien présentée et variée. Les beaux jours permettent de s'installer sur la terrasse, avec vue sur la chute qui coule juste à côté du Moulin.

LAC-BEAUPORT

Château du Lac-Beauport ⊨
$$-$$$

⊛, ℂ, ≈, ℜ, ≡

154 chemin Tour-du-Lac

☎849-1811 ou 800-463-2692

⇌849-2895

www.chateaulacbeauport.com

Semblable à un gros chalet de ski, le Château du Lac-Beauport offre un bon confort. Il dispose de multiples installations sportives. Situé en face du lac Beauport, il bénéficie d'une agréable plage et permet de s'adonner à des activités telles que la planche à voile, le kayak, le canot et la voile. En hiver, une patinoire est entretenue sur le lac. L'endroit est fort agréable pour qui aime profiter du grand air.

LAC-DELAGE

Manoir du Lac Delage ⊨
$$$

≡, ☺, ℑ, ≈, ⊛, ℜ, ⌂, ⊛

40 avenue du Lac

☎848-2551 ou 800-463-2841

⇌848-6945

www.lacdelage.com

Le Manoir du Lac Delage propose une foule d'installations qui enchanteront les amateurs de sport, hiver comme été. Le centre dispose d'une patinoire et se trouve à proximité de sentiers de ski de fond et de glissoires. En été, les rives du lac permettent la pratique de plusieurs sports nautiques. Les chambres, garnies de meubles en bois, sont confortables.

SAINTE-CATHERINE-
DE-LA-JACQUES-CARTIER

Hôtel de glace ⊨
$$$$$ ½p

bc, ℜ

143 route Duchesnay

Station écotouristique Duchesnay, Pavillon l'Aigle

☎875-4522 ou 877-505-0423

⇌875-2833

www.icehotel-canada.com

Vous n'oseriez pas prendre son nom au pied de la lettre, et pourtant il s'agit bel et bien d'un hôtel de glace! Eh oui, entièrement bâti à même des milliers de tonnes de glace et de neige. Une époustouflante réalisation! Les téméraires accourent pour avoir la chance de vivre l'expérience d'une nuit dans cet antre du froid. Mais grâce à l'isolation naturelle que procure la glace, il fait toujours entre −2°C et −6°C à l'intérieur de ses murs. On dort donc tout de même assez confortablement dans ses 31 chambres, bien emmitouflé dans un épais sac de couchage étendu sur des fourrures. Si vous êtes un novice en camping d'hiver, rassurez-vous car vous serez très bien encadré par une équipe disponible jour et nuit. Notez aussi que les salles de bain communes sont chauffées et que le petit déjeuner et le dîner se prennent dans un chalet chauffé! Sur le site, on propose de nombreuses activités de plein air. Une expérience inoubliable!

SAINTE-FOY

Hôtel Germain-des-Prés ⊨ ✕
$$$

≡, ℜ

1200 avenue Germain-des-Prés

☎658-1224

⇌658-8846

www.germaindespres.com

L'Hôtel Germain-des-Prés est un classique de la région de Québec. Ouvert depuis plusieurs années, il représente le premier de ce qui est maintenant une chaîne de quatre hôtels-boutiques jouissant de la meilleure réputation. Ses chambres, décorées avec grand soin, sont on ne peut plus accueillantes et offrent toutes les commodités pour se détendre. Peignoirs dans les salles de bain, fauteuils confortables, couette et oreillers en duvet... Sans oublier toutes les petites attentions caractéristiques des hôtels-boutiques où le service est personnalisé, et ce, malgré les 126 chambres. Ces dernières satisferont aussi bien les gens d'affaires avec leur table de travail et leur connexion à l'Internet que les voyageurs. On y trouve aussi des salles de réunion. Installé dans le complexe de l'hôtel Germain-des-Prés, le restaurant Le Bistango (**$$$**) allie le savoir-faire à une ambiance somme toute décontractée. La salle, assez vaste, est achalandée le midi comme le soir et décorée avec goût et originalité. Confortablement attablé, vous pourrez déguster des plats fins préparés et servis avec attention. Sur le menu, le filet de poisson côtoie, par exemple, la poitrine de volaille, le confit de canard, une salade où se joignent crevettes et thon apprêté à la japonaise, et la simple mais délicieuse bavette. Une bonne adresse si vous vous retrouvez à Sainte-Foy. Certains soirs, des musiciens animent l'endroit.

♥ Michelangelo ✕
$$$-$$$$
3111 chemin St-Louis
☎651-6262
Le Michelangelo sert une fine cuisine italienne qui ravit le palais autant que l'odorat. Sa salle à manger au décor Art déco, bien qu'achalandée, reste intime et chaleureuse. Le service attentionné et courtois s'ajoute aux délices de la table.

♥ La Fenouillère ✕
$$$$
3100 ch. St-Louis
☎653-3886
À La Fenouillère, le menu de cuisine française raffinée et créative vous promet de succulentes expériences. Qui plus est, le restaurant s'enorgueillit de posséder l'une des meilleures caves à vins de la région de Québec. Le tout dans un décor sobre et confortable.

SILLERY
♥ Le Montego ✕
$$$
1460 av. Maguire
☎688-7991
Le Montego vous attend pour une «expérience ensoleillée», comme le dit si bien sa publicité. Le décor aux couleurs chaudes,

les grandes assiettes colorées et la présentation des mets sauront charmer vos yeux. La cuisine, quant à elle, réjouira vos papilles avec ses saveurs épicées, sucrées ou piquantes, inspirées de la cuisine californienne et d'autres cuisines... ensoleillées!

♥ Paparazzi ✕
$$$
1363 av. Maguire
☎683-8111
Le Paparazzi sert une cuisine venue d'Italie. La salade de chèvre chaud, épinards et noix de Grenoble caramélisés est, entre autres plats, un vrai délice. Les jolies tables, aux carreaux de céramique, sont disposées sur différents paliers dans un décor moderne et agréable.

WENDAKE
♥ Nek8arre ✕
$$-$$$
9h à 17h
575 rue Stanislas-Kosca
☎842-4308
Au village huron-wendat Onhoüa Che-te8ke se trouve un agréable restaurant dont le nom signifie «le repas est prêt à servir». On nous initie ici à la cuisine traditionnelle des Hurons-Wendats. De bons plats tels que la truite à l'argile, la brochette de caribou et le chevreuil aux champignons, accompagnés de maïs et de riz sauvage, figurent au menu. Les tables en bois ont été incrustées de petits textes expliquant les habitudes alimentaires des Amérindiens. Plusieurs objets disséminés çà et là viennent piquer notre curiosité, mais heureusement les serveuses sont un peu «ethnologues» et peuvent aussi apaiser notre soif de savoir. Le tout dans une douce ambiance. Il est possible d'éviter de payer le droit d'entrée à Onhoüa Chetek8e si l'on désire se rendre uniquement au restaurant.

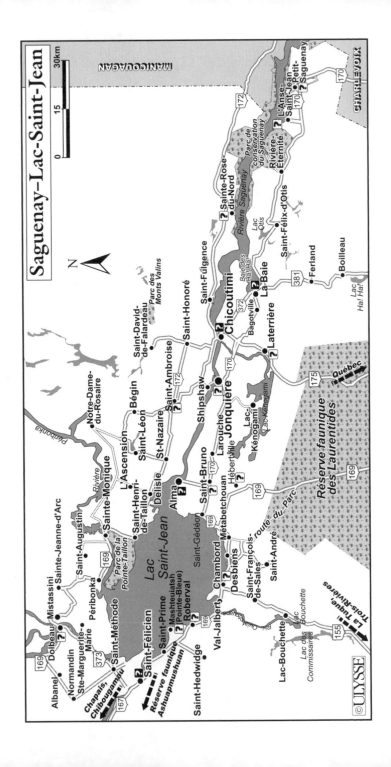

Saguenay–Lac-Saint-Jean

Saguenay–Lac-Saint-Jean

Le Saguenay–Lac-Saint-Jean est une région touristique qui se divise en deux zones distinctes: le Saguenay et le Lac-Saint-Jean.

La première impressionne par ses paysages spectaculaires; nous sommes en présence du fjord navigable le plus méridional du monde. Les principaux pôles touristiques sur la rive nord sont, le parc de conservation du Saguenay (secteur nord) et les villages tels que Sainte-Rose-du-Nord et Saint-Fulgence, tandis que les principaux pôles touristiques de la rive sud du fjord sont le parc de conservation du Saguenay (secteur sud) ainsi que les centres urbains de La Baie, Chicoutimi et Jonquière.

Le Lac-Saint-Jean est une destination que l'on visite par plusieurs circuits. Comme principaux attraits touristiques, notons, entre autres, le village historique de Val-Jalbert, la réserve amérindienne de Mashteuiatsh et le Jardin zoologique de Saint-Félicien.

Indicatif régional: 418

LES SÉJOURS 🛏

Le parc hôtelier du Saguenay–Lac-Saint-Jean se compose de nombreux établissements de construction assez récente, modernes et bien équipés. Une autre caractéristique est la présence de quelques centres de villégiature autour du lac Saint-Jean.

LE FJORD

La rive sud du fjord est celle qui compte le plus d'endroits où l'on retrouve des établissements d'hébergement touristiques. Chicoutimi est la capitale régionale, donc l'endroit où l'on dénombre le plus d'hôtels. Vous trouverez à Chicoutimi quelques hôtels faisant partie de grandes chaînes nationales. Les villes de Jonquière et de La Baie disposent aussi de nombreux «hôtels-motels» modernes de capacité moyenne.

LE TOUR DU LAC

Le lac Saint-Jean se prête bien à la pratique d'activités nautiques et aquatiques; par conséquent, il existe quelques centres de villégiature avec plage, marina et des chalets. Les villes où l'on trouve une infrastructure hôtelière sont les suivantes: Alma, Dolbeau-Mistassini, Saint-Félicien et Roberval.

LES DÉLICES ✕

Chicoutimi et Jonquière demeurent les villes où il y a le plus de restaurants gastronomiques. Plus qu'ailleurs au Québec, il est ici très à propos de parler d'une cuisine régionale particulièrement riche. Vous pourrez y déguster les produits locaux suivants: la ouananiche (un saumon d'eau douce), la tourtière saguenéenne, les soupes ou salades aux gourganes, le fromage cheddar de Saint-Prime (qui est même exporté en Angleterre) et, évidemment, des confitures et pâtisseries aux bleuets, petits fruits emblématiques de la région. Enfin, Le Privilège de Chicoutimi et Le Doyen de La Baie sont deux restaurants comptant parmi les meilleures tables gastronomiques du Québec.

LES ADRESSES

CHICOUTIMI

La Bougresse ✕
$$
260 rue Riverin
☎543-3178
La Bougresse se distingue par la variété et la qualité de sa cuisine, toujours bonne. La confiance et la fidélité de la clientèle chicoutimienne sont la meilleure assurance de qualité en ce qui a trait à La Bougresse, qui organise régulièrement des soirées «moules à volonté» très courues.

♥ Le Privilège ✕
$$$$
1623 boulevard St-Jean-Baptiste
☎698-6262
Le Privilège fait partie des meilleures tables de la région. Dans le décor pittoresque d'une maison centenaire, tous vos sens sont mis à contribution. On sert une cuisine intuitive qui s'inspire des étalages du marché. L'ambiance et le service sont décontractés et amicaux. Réservations requises.

DESBIENS

Desbiens-Venue ✕
$$
1290 rue Hébert
☎346-1106
Aux aventuriers avides de découvertes de cuisine régionale, on recommande de passer par le restaurant Desbiens-Venue afin de savourer une succulente soupe aux gourganes, l'épaisse tourtière du Lac-Saint-Jean ainsi que sa fameuse tarte aux bleuets. En plus de dresser un brunch tous les dimanches, les propriétaires souriants et courtois fabriquent un excellent pain maison tous les matins et le servent à l'heure du petit déjeuner.

HÉBERTVILLE

**♥ Auberge Presbytère
Mont-Lac-Vert** ⌶
$$ pdj
ℜ
335 rang du Lac-Vert, Mont-Lac-Vert
☎344-1548 ou 800-818-1548
⇄344-1013
www.aubergepresbytere.com
L'Auberge Presbytère Mont-Lac-Vert est située dans un très beau cadre, et il y règne une atmosphère chaleureuse propice à la détente. Sa table en a ravi plus d'un.

JONQUIÈRE

Auberge Villa Pachon ⌶✕
$$$ pdj
ℜ
1904 rue Perron
☎542-3568 ou 888-922-3568
⇄542-9667
www.aubergepachon.com
Le restaurant Chez Pachon est également devenu l'adresse, depuis son déménagement à Jonquière, de l'Auberge Villa Pachon, en ajoutant le volet hébergement à la restauration. On y trouve cinq chambres et une suite, aménagées dans une des plus belles résidences historiques de tout le Saguenay–Lac-Saint-Jean: la villa patrimoniale de Price Brothers. Le restaurant Chez Pachon ($$$$), une «institution» bien connue de la ville de Chicoutimi, a en effet déménagé à Jonquière en août 1999. Son chef, déjà renommé dans toute la région, présente une gastronomie teintée de traditions culinaires françaises et influencée par les saveurs régionales. Spécialités de cassoulet de Carcassonne,

confit de magret et foie de canard, filet et carré d'agneau, ris de veau, poissons et fruits de mer. Le soir seulement, sur réservation.

♥ Le Bergerac ✕

$$$-$$$$
fermé dim-lun
3919 rue St-Jean
☎542-6263

L'une des meilleures tables de Jonquière, le restaurant Le Bergerac a développé une excellente carte de fine cuisine qu'il propose en menu du jour pour le midi ou en table d'hôte le soir.

♥ L'Amandier ✕

$$$$
fermé lun
5219 chemin St-André
☎542-5395

L'Amandier abrite une étonnante salle ornée de plâtre sculpté et de boiseries surchargées. On y sert une cuisine régionale préparée à partir de produits frais. À la qualité de la table s'ajoute ici une ambiance unique qu'il fait bon s'offrir en groupe puisque la chaleur des matériaux, l'originalité de l'aménagement et l'accueil des hôtes favorisent l'esprit à la fête et les soirées amicales. Un peu en retrait de la ville, le restaurant n'est pas facile à trouver. Réservations requises.

LA BAIE

♥ Auberge de la Rivière Saguenay ⊨✕

$$ pdj
≡, ⊛, ℜ
9122 chemin de la Batture
☎697-0222 ou 866-697-0222
⇄697-1178
www.aubergesaguenay.com

L'Auberge de la Rivière Saguenay bénéficie d'un site enchanteur, entouré d'une belle nature verdoyante, et d'une tranquillité à faire rêver. Elle propose des forfaits spécialisés originaux axés sur la gastronomie régionale et amérindienne, les plantes sauvages, le plein air, les activités culturelles, le romantisme et les médecines douces. Ses chambres sont confortables et décorées avec goût. Dix d'entre elles ont un balcon privé qui offre une vue extraordinaire sur le fjord. L'accueil est amical. Le chef cuisinier de l'auberge (**$$$$**) a développé un menu axé sur les tradi-

tions autochtones, les mets régionaux et la cuisine internationale.

Auberge des Battures ⊨

$$-$$$$
≡, ⊛, ℜ
6295 boulevard de la Grande-Baie Sud
☎544-8234 ou 800-668-8234
⇄544-4351
www.battures.ca

L'Auberge des Battures offre non pas seulement un point de vue extraordinaire sur la baie des Ha! Ha!, mais aussi une excellente qualité d'hébergement et une cuisine raffinée.

♥ Auberge des 21 ⊨✕

$$$
≡, ⊛, ☺, ℂ, ℑ, ≈, ⊛, ℜ, △
621 rue Mars
☎697-2121 ou 800-363-7298
⇄544-3360
www.aubergedes21.com

La coquette Auberge des 21 dispose, en plus d'une vue magnifique sur la baie des Ha! Ha!, de chambres confortables et d'un spa qui vous aidera à profiter au maximum de vos moments de détente. Le restaurant Le Doyen (**$$$$**) propose un des meilleurs menus de la région, où figurent de savoureux plats de gibier. La salle à manger bénéficie d'une vue exceptionnelle s'étendant sur toute la baie des Ha! Ha!. Le brunch du dimanche est excellent. Dirigé par un chef de renom, Marcel Bouchard, qui a remporté plusieurs prix régionaux, nationaux et internationaux, Le Doyen contribue tangiblement à l'évolution de la cuisine régionale et à son raffinement, jusqu'à lui valoir ses lettres de noblesse.

MÉTABETCHOUAN

Auberge La Maison Lamy |⌷⌷|
$$ pdj
bc/bp
56 rue St-André
☎349-3686 ou 888-565-3686
Dans une magnifique résidence bourgeoise au cœur d'un village très pittoresque, la Maison Lamy possède un charme tout à fait irrésistible. Accueil chaleureux. Décoration soignée. Près du lac Saint-Jean et de la Véloroute des Bleuets. Plage.

PÉRIBONKA

♥ Auberge de l'Île-du-Repos |⌷⌷|
$
ℂ, ℜ
105 route Île-du-Repos
☎347-5649 ou 800-461-8585
≈347-4810
L'Auberge de l'Île-du-Repos s'est acquis, au fil des ans, une belle réputation. Il s'agit d'une grande auberge de jeunesse qui se dresse seule sur son île au milieu de la rivière, et ce, dans un décor enchanteur. Elle offre une belle ambiance et un milieu propice aux échanges et aux activités de plein air. On y présente régulièrement des spectacles en tout genre. Emplacements de camping disponibles.

SAINTE-ROSE-DU-NORD

Café de la Poste ✕
$
163 rue des Pionniers
☎675-1053
Situé à deux pas du quai d'où il est possible de contempler le fjord, le chaleureux Café de la Poste présente un décor intérieur avec boiseries, en plus d'une terrasse enchanteresse et une ambiance familiale unique. Outre une cuisine hors pair, cet ancien bureau de poste offre la possibilité de déguster un savoureux pain artisanal, des boissons alcoolisées fruitées (cassis ou framboises) ainsi que de délicieuses pâtisseries. Le tout fait à la maison par les propriétaires.

Index

H

I

J

K

L

M